FORMAÇÃO DE PROFESSORES

- *Dinâmicas para reunião de pais: construindo a parceria na relação escola e família* – Luciana Maria Caetano
- *Educação para a paz: um caminho necessário* – Gloria Lourdes Alessi Marchetto
- *Educação religiosa: fundamentação antropológico-cultural da religião segundo Paul Tilich* – Pedro Ruedell
- *Educar para a convivência na diversidade: desafio à formação de professores* – Selenir Corrêa Gonçalves Kronbauer e Marga Janete Ströher
- *Formação de professores: abordagem contemporânea* – Selenir Corrêa Gonçalves Kronbauer e Margareth Fadanelli Simionato
- *Inclusão escolar: implicações para o currículo* – Rejane Ramos Klein e Morgana Domênica Hattge
- *Temas atuais para a formação de professores: contribuições da pesquisa piagetiana* – Luciana Maria Caetano

Selenir Corrêa Gonçalves Kronbauer
Margareth Fadanelli Simionato
(orgs.)

FORMAÇÃO DE PROFESSORES

Abordagens
contemporâneas

Dados Internacionais de Catalogação na Publicação (CIP)
(Câmara Brasileira do Livro, SP, Brasil)

Formação de professores : abordagens contemporâneas / Selenir Corrêa Gonçalves Kronbauer, Margareth Fadanelli Simionato, organizadoras . – 3. ed. – São Paulo : Paulinas, 2011. – (Coleção docentes em formação)

Vários autores.
ISBN 978-85-356-2994-1

1. Professores - Formação profissional - Brasil   I. Kronbauer, Selenir Corrêa Gonçalves.   II. Simionato, Margareth Fadanelli.   III. Série.

11-13743   CDD-370.71

Índices para catálogo sistemático:
1. Docentes : Formação profissional : Educação   370.71
2. Professores : Formação profissional : Educação   370.71

Direção-geral:	*Flávia Reginatto*
Editora responsável:	*Luzia M. de Oliveira Sena*
Assistente de edição:	*Andréia Schweitzer*
Copidesque:	*Huendel Viana*
Coordenação de revisão:	*Marina Mendonça*
Revisão:	*Jaci Dantas*
Direção de arte:	*Irma Cipriani*
Gerente de produção:	*Felício Calegaro Neto*
Capa e editoração eletrônica:	*Telma Custódio*

3ª edição – 2011
1ª reimpressão – 2018
Revisado conforme a nova ortografia.

Nenhuma parte desta obra poderá ser reproduzida ou transmitida por qualquer forma e/ou quaisquer meios (eletrônico ou mecânico, incluindo fotocópia e gravação) ou arquivada em qualquer sistema ou banco de dados sem permissão escrita da Editora. Direitos reservados.

Paulinas
Rua Dona Inácia Uchoa, 62
04110-020 – São Paulo – SP (Brasil)
Tel.: (11) 2125-3500
http://www.paulinas.com.br – editora@paulinas.com.br
Telemarketing e SAC: 0800-7010081
© Pia Sociedade Filhas de São Paulo – São Paulo, 2008

Apresentação

Selenir Corrêa Gonçalves Kronbauer*
Margareth Fadanelli Simionato**

Este livro é fruto de discussões e reflexões das quais temos participado há algum tempo, toda vez que nos deparamos com a situação de escolhas e opções bibliográficas para oferecermos aos nossos estudantes do curso de Pedagogia. É resultado de um trabalho que vem sendo gestado e articulado com a intenção de abrir novas discussões acerca das questões que envolvem a formação de professores. Outro aspecto que nos moveu foi a necessidade de uma discussão mais efetiva sobre as questões da diversidade, bem como um olhar interdisciplinar sobre o trabalho que se realiza na escola.

Entendemos que a educação hoje se insere num ambiente crescentemente complexo, a partir de qualquer lógica, ponto de vista, ou teoria que se escolha. A inclusão de grupos antes marginalizados tenciona o ambiente escolar, as velhas práticas, os rituais, e requer outras formas de se pensar a educação e a escola. Neste contexto de mudanças imperativas, ao professor é imputado um papel central como catalisador dessas inovações, porém sem dispor de recursos e de alternativas para dar conta desta realidade que se apresenta com toda a sua diversidade. De uma formação recebida para trabalhar com públicos homogêneos, o professor passa a

---

* Mestre em Teologia (área de Religião e Educação) pela Faculdades EST, onde atualmente é professora; coordenadora pedagógica na Rede CNEC (Unidade Escola Técnica Estância Velha/RS).
** Doutora em Educação pela UFRGS; professora da Universidade Feevale (RS).

5

trabalhar com grupos cada vez mais heterogêneos, além de lhe ser exigido que desenvolva em seus alunos capacidades de trabalhar em grupo, de resolver problemas, de elaborar, executar e acompanhar projetos, entre outras tantas. A formação, pautada no paradigma técnico-científico, já não dá mais conta da preparação desse professor que deve atuar nesta nova realidade. De um tempo de certezas, passamos à constância da incerteza, e é neste tempo e espaço que se situa o professor. Diante dessas problemáticas, a formação de professores tem sido revista, discutida, analisada, tencionada pelos pesquisadores da área.

As pesquisas sobre formação de professores têm se caracterizado como um campo consistente de investigações na área educacional. Partindo de diversas abordagens, pesquisadores que investigam esse problema buscam compreender a realidade propondo alternativas ao que se apresenta. Ao longo das últimas décadas, pesquisas e debates sobre formação de professores têm seguido diversas tendências. Na década de 1970, as discussões sobre a formação do professor pautavam-se no paradigma da racionalidade técnica. Já na década de 1980, propunha-se que o professor fosse um transformador da sociedade. Nas últimas décadas, formar um professor pesquisador, reflexivo, consciente da constituição de sua identidade, da docência, tem sido a tônica das discussões, como é possível constatar nos textos que compõem este livro.

Silvia Molinari de Dalessandro, em "Representação docente nas tiras de Mafalda", apresenta Mafalda como um símbolo, um ícone de uma época (anos 1960 e 1970 em terras argentinas), a representação da infância inocente e sagaz ao mesmo tempo. Mafalda nos convida a penetrar o mundo infantil e a espiar, através de seus olhos curiosos e irreverentes, as ações e os mistérios do universo adulto. Um universo, composto pela família, pelas amizades e pela figura da professora, onde as relações de poder se manifestam. Essa menina, que detesta a violência e deseja que haja paz no mundo, questiona as instituições (tanto a familiar como a escolar), defende os direitos dos menos favorecidos e reivindica igualdade de condições socioeconômicas para todas as pessoas. Nesse contexto, analisamos as representações docentes, ou seja, como o(s) mestre(s) aparece(m) na ótica da Mafalda.

Jacira Pinto da Roza, em "Desafios da docência: algumas reflexões sobre a possibilidade de uma gestão pedagógica da pesquisa", nos apresenta algumas reflexões acerca da importância da pesquisa no exercício da docência nos cursos de formação de professores e a complexidade imbricada na interação cotidiana vivenciada por educadores e educandos no espaço pedagógico da sala de aula. Inicialmente, são tecidas algumas reflexões sobre a relação pedagógica a partir dos estudos de Meirieu (1998; 2002; 2005) e a complexidade imbricada na interação cotidiana vivenciada por educadores e educandos no espaço pedagógico da sala de aula, buscando fundamentação teórica em Lessard & Tardif (2005), Kincheloe (1997), entre outros.

Eliana Muller de Mello e Selenir Corrêa Gonçalves Kronbauer, em "A escola como espaço de culturas", abordam temáticas sobre identidade, representação e diversidade. Segundo as autoras, o estudo da interface racismo e educação oferece uma possibilidade de colocar num mesmo cenário a problematização de duas temáticas de inquestionável importância. Ao contemplarmos as relações raciais dentro do espaço escolar, questionamo-nos até que ponto ele está sendo coerente com a sua função social quando se propõe a ser um espaço que preserva a diversidade cultural, responsável pela promoção da equidade. A influência das "afirmações" que reforçam a impossibilidade do negro ser capaz de ter acesso ao mundo das ideias reanima estereótipos negativos que os negros vêm carregando durante séculos. Dessa forma, as populações negras são estigmatizadas no imaginário social como inferiores, primitivas. Os seus costumes e crenças foram desacreditados e considerados ilegítimos ao olhar do branco. Essa condição consolidou-se no imaginário social com a naturalização da inferioridade social dos grupos subordinados. Nessa perspectiva, o propósito desse texto é trazer uma reflexão acerca da questão e uma contribuição no sentido de análise crítica sobre os meios que são utilizados para reforçar de forma negativa a identidade negra em nosso país.

Kátia de Conto Lopes e Ronalisa Torman demonstram, com o texto "O educador frente às diversidades da contemporaneidade", a relação entre a exclusão social e o papel do educador na contemporaneidade. A importância desse estudo está baseada no entendimento das interações sociais estabelecidas no cotidiano, na construção de novos conceitos e práticas relativas à formação e na trajetória dos sujeitos inseridos nas instituições escolares. Esse trabalho traz ainda uma reflexão acerca da exclusão social, do papel da instituição de ensino e do educador mediante a construção do conhecimento e a formação do sujeito.

Remí Klein, com "Processo educativo-religioso: histórias 'em jogo' e novos olhares 'em formação'", reflete sobre sua pesquisa de campo realizada entre 2000 e 2004, em estreita vinculação com a docência e voltada à formação docente, a partir da disciplina de Metodologia do Ensino: Ensino Religioso, oferecida no curso de licenciatura em Pedagogia da Universidade do Vale do Rio dos Sinos (Unisinos) e no curso de bacharelado em Teologia da Escola Superior de Teologia (EST).

Andréa Novo Duarte e Carlos Théo Lahorgue, em "Entre o caos e a (des)ordem: uma educação para a espiritualidade", fazem uma reflexão sobre as bases que constituíram o pensamento cartesiano, desvelando sua (des)sacramentalização à luz de uma educação vitalizadora do saber espiritual. Tendo como eixos a educação, a espiritualidade, o Universo, a complexidade e o ser humano, tencionam questões fundantes como o dogmatismo do pensamento científico e sua pretensa organização do caos, de sua ordenação dos elementos fundamentais da evolução, no pensar grego. Apresentam a objetificação do subjetivo, seu enquadramento em leis pretensamente universais, atribuindo critérios de veracidade. Os autores questionam essa objetividade, propondo a abertura da "caixa de Pandora" como ponto de partida para a reflexão do imprevisto, do inusitado, do correr da vida e da ciência a partir das novas descobertas científicas, fazendo alusão à necessária consciência planetária que se apresenta como um caminho viável de compreensão para o momento atual. Veem na educação o caminho para resgatar em cada sujeito sua capacidade de perceber as complementaridades das relações humanas e do Universo e constituir espaços para o desenvolvimento das suas capacidades, sem o amordaçamento e o controle de conhecimentos.

Margareth Fadanelli Simionato, em "A formação do professor do ensino técnico no contexto da reestruturação produtiva", analisa a trajetória de formação desses professores, sinalizando que essa formação vem recebendo, ao longo da história, um tratamento como se fosse algo especial, emergencial, que não produzisse um saber sistematizado, próprio da área. O professor do ensino técnico não é visualizado como profissional da área da educação, mas como profissional de outra área, que também leciona. Da mesma forma, reflete sobre o trabalho docente e como este vem se modificando rapidamente na sociedade contemporânea, tendo em vista as mudanças constantes no mundo do trabalho, os avanços tecnológicos e as diferentes concepções de escola e de construção de saberes que circulam. Na transição dos paradigmas tayloristas-fordistas de organização do trabalho para novos paradigmas, algo acontece na Educação Profissional que afeta diretamente a formação oferecida nas escolas técnicas, trazendo novas demandas à formação desses professores.

Ao organizar este livro, preocupamo-nos em apresentar uma coletânea de textos diversificados, com temáticas do cotidiano escolar, para que possam ser abordadas tanto em sala de aula, quanto nos cursos de formação para professores, bem como nas reuniões pedagógicas e nos momentos de formação continuada de professores em serviço. Agradecemos a colaboração de todos que nos auxiliaram direta ou indiretamente, aos autores dos textos que apresentamos aqui e em especial à professora Bernardete Gatti, que prontamente aceitou o convite para prefaciar o livro. A todos e todas nosso muito obrigada. Aos nossos leitores e leitoras desejamos uma boa leitura e ótimas reflexões em seus grupos de formação e de estudos.

Prefácio
Sobre formação de professores e contemporaneidade

Bernardete Angelina Gatti*

Convidada a fazer o prefácio desta coletânea sobre abordagens contemporâneas em formação de professores, fui instigada a pensar nas transformações pelas quais passa nossa sociedade, e as implicações para a educação, principalmente para o trabalho dos professores com seus alunos em sala de aula. Os desafios não são poucos, e os textos que compõem este livro mostram quão variados são os aspectos envolvidos tanto na formação dos professores, como na formação que este propicia, ou propiciará, a seus alunos. Mudam aspectos socioculturais, mudam as relações entre pessoas, nas famílias, no trabalho. Mudam os modos de ver e pensar o mundo, os valores, as referências. Busca-se um norte para orientar nosso caminhar pelas trilhas da educação. Os textos aqui reunidos refletem sobre essas questões, em variados ângulos e com diferentes olhares, contribuindo para nossa reflexão nessa busca do estar aí, na escola. Contribuem para compreender novos sentidos da escola, os novos sentidos possíveis ao papel dos próprios professores nas escolas.

Tempos históricos: eis um fator básico na determinação da educação. Por isso, reflito, neste momento, sobre as reorganizações socioculturais que se processam em nossos dias e os desafios que agora se colocam à educação. Na contem-

---
* Graduada em Pedagogia pela USP; doutora em Psicologia pela Universidade de Paris VII; coordenadora do Departamento de Pesquisas Educacionais da Fundação Carlos Chagas.

11

poraneidade, experimentamos um ritmo de diferenciação social, cultural, tecnológica, aparentemente nunca antes experimentado. Mesmo o ambiente natural se transforma pelas mãos dos homens com tal velocidade que se torna difícil tomar consciência do que se passa e avaliar seus impactos no dia a dia. A geração e a circulação da informação no ritmo que se faz, e nas formas em que se faz, sem controles e verificação, criam situações imponderáveis. Por outro lado, nossos conhecimentos batem em fronteiras que mostram sua fragilidade. O mundo organizado do conhecimento em suas diferentes áreas – as ciências – vê suas cercas rompidas aqui e ali, com acréscimos de territórios, reorganização de outros, interpenetração de muitos. Interdisciplinaridade, transdisciplinaridade. Assiste-se, dentro das áreas de conhecimento hoje mapeadas, à multiplicação de perspectivas e ao confronto de abordagens. Um mesmo fenômeno pode ser compreendido por diferentes modelos interpretativos, mais, pode ser apenas e provisoriamente compreendido por diferentes modelos. Ou mais, um mesmo fenômeno só pode ser compreendido, e, ainda relativamente, quando abordado por particulares formas de integração de informações/conhecimentos de várias áreas distintas, com metodologias variadas. Isso rebate na escola. A multiplicação e diferenciação dos conhecimentos produzidos pelas ciências e artes ressoam no campo educacional – nos sistemas de ensino, nas escolas, nas salas de aula – causando, de um lado, críticas pela obsolescência do ensinado nas escolas ou pela sua insuficiência, e, de outro, perplexidades ante o que fazer com os currículos escolares e a formação de professores. Embora os currículos encontrem boa sustentação no discurso científico clássico, o volume e a constante mudança em conhecimentos, áreas de saber e formas de conhecer trazem para os currículos escolares e a formação dos docentes um grande desafio.

Não podemos ignorar a tensão que está hoje colocada nos sistemas educacionais pelas condições socioculturais e científicas que vivenciamos. Gestores e professores diante de crianças e jovens bem diversificados, com pensamentos, atitudes e comportamentos construídos num contexto social complexo, em que a novidade, a moda, o fugaz, o passageiro, assumem papel determinante, tanto pelo sistema de consumo que temos hoje, como pelo sistema das mídias, através do qual o desejo de ter é permanentemente estimulado e onde a tragédia humana é tomada como filme ou como novela, onde os deslizes morais, as violências de diversas naturezas e as mortes perdem sua concretude e passam a ser tomadas como virtuais. A realidade social constrói, derruba e repõe mitos num espaço de tempo curto, inimaginável. A mídia cria personagens, heróis e vilões, e os põe no ostracismo da noite para o dia. Que referências as crianças e jovens podem ter para se formar e se guiar?

Diversidade é a palavra que dá o tom das preocupações atuais em vários campos. Não sem razão. O momento histórico em que vivemos, as questões de sobrevivência que nos têm sido colocadas, seja em relação ao ambiente, à vida, ao âmbito social e político, tudo vem nos mostrando que a diversidade de condições que o planeta e as pessoas têm precisa ser considerada para o próprio bem da humanidade. O que nos diz esta palavra: diversidade? Multiplicidade, reconhecimento das diferenças, da heterogeneidade, da variedade de ambientes sociobiogeográficos, de situações, das diferenças nos sentimentos, na cultura, na religião, nos modos de ser, de habitar, de conviver com seu ambiente físico e social. Na contemporaneidade nos é colocada a necessidade de se ter consciência clara da presença do diverso, em convivência.

Essas condições desafiam hoje o papel dos educadores e das escolas. Trazem preocupações *éticas* – tolerância, respeito ao diferente, direitos e responsabilidades – e, preocupações *sociais* – respeito ao direito de viver com dignidade –, pois, reconhecimento e respeito à diversidade não quer dizer descompromisso com desigualdades que aviltam a própria condição humana. Nessa direção, a Educação pode ajudar no processo de criação de condições de maior equidade social pelo seu papel de disseminadora de conhecimentos e de formadora de valores. A formação de professores nesse contexto torna--se uma questão que merece novas considerações e outros posicionamentos: conhecimentos disciplinares sólidos, visão social e cultural esclarecida, perspectivas sobre a civilização humana e seus destinos, consciência quanto aos processos de alienação social e busca de caminhos, lidar com as representações e as necessidades espirituais das pessoas, criação de formas de comunicação diferenciadas com as crianças e jovens – conhecimentos, saberes, didática, valores.

Porém, as soluções formativas não são simples e, ao que parece, não estão dadas. Sintoma disso são os questionamentos constantes sobre qual currículo deveremos ter ou construir, quer na formação de professores, quer nas escolas, quais dinamismos da relação didática mudar ou enfatizar, que valores, práticas e atitudes devem compor as relações educacionais. E a questão crucial: afinal, o que entendemos por qualidade da educação?

A busca de novos currículos educacionais, de novas relações de ensino e de uma formação ao mesmo tempo polivalente e diversificada de professores, as propostas de transversalidade de conhecimento em temas polêmicos, mostram que a área educacional encontra-se no meio desse movimento em busca de alternativas formativas, tanto para os próprios formadores, como para os alunos. Estamos todos, com certeza, partilhando dessa angústia: os professores diante de seus alunos, os gestores em suas redes de ensino, os formadores de professores, os pesquisadores com suas dúvidas e perguntas. Há muita perplexidade no ar e temos tido poucas respostas efetivas, tal o torvelinho dos tempos atuais. Convido-os à reflexão sobre a condição educacional das grandes massas populares e convido-os à luta pela civilização humana. Esse é um desafio – desafio que transparece em cada texto deste livro.

1. Representação docente nas tiras de Mafalda

Silvia Molinari de Dalessandro*

POR QUE A MAFALDA?

O conceito de representação, trabalhado por Rosa Maria Hessel Silveira (2002: 47) e fundamentado em Hall (1992), diz que "representação é a produção de sentido através da linguagem", ou seja, tanto as coisas como as palavras funcionam não com o significado que elas têm por si próprias e sim com aquele dado a elas pela interpretação da linguagem. Muitos são os estudos sobre identidade docente e inúmeras são as abordagens. Pretendo direcionar minha análise focalizando a figura da professora e suas diversas interações com os alunos. Para isso, selecionei as tiras da Mafalda que foram publicadas entre os anos de 1965 e 1973 na cidade de Buenos Aires, Argentina.

As tiras da Mafalda fizeram parte da minha infância e adolescência vividas na cidade de Montevidéu e continuam sendo, depois de quarenta anos, um referencial muito importante no meu universo; é uma personagem que sempre exerceu fascínio sobre mim; venho acompanhando-a durante todos esses anos e olhando-a com diferentes olhares, frutos do processo da minha maturidade, e, mesmo que lida reiteradas vezes, Mafalda sempre me leva a momentos de reflexão sobre os assuntos que ela própria discute.

---

* Mestre em Educação pela Ulbra; professora da Universidade Feevale.

15

Sua criação remonta-se ao ano de 1964, quando a figura dessa irreverente menininha foi desenhada, ao acaso, por Joaquín Salvador Lavado, um cartunista argentino conhecido por Quino, para a campanha publicitária de um eletrodoméstico. A campanha nunca foi realizada e os desenhos ficaram esquecidos durante um bom tempo numa gaveta, até que outro trabalho surgiu e eles foram resgatados a pedido de um cliente que queria uma tira que retratasse uma família típica argentina da época (pai, mãe e dois filhos).

O que provavelmente o autor não imaginou foi que as histórias que colocaria na boca de seus personagens rodariam o mundo, seriam traduzidas em 26 línguas e Mafalda seria convertida num ícone das lutas pelas desigualdades sociais numa época em que a liberação feminina ainda estava sendo gestada. Vale lembrar que os grandes movimentos sociais do século XX (femininos, étnicos, homossexuais) começaram a explodir no cenário mundial a partir de 1968.

Os tempos mudaram, os conflitos daquela época não são os mesmos de hoje, não existe mais a guerra do Vietnã nem o muro de Berlim, não existe mais a União Soviética; no entanto, os questionamentos sociais da Mafalda continuam tão atuais como na década de 1960. Embora o autor tenha parado de escrever suas histórias em 1973, ou seja, há mais de trinta anos, continua tão vigente e lida como no seu apogeu.

O mundo de Mafalda é assim composto:

Mafalda é uma menina de seis anos (aproximadamente), de nacionalidade argentina, nascida na cidade de Buenos Aires na década de 1960, num lar de classe média ("mediaestúpida", segundo ela), onde vive com os pais e um irmão menor chamado Guillermo (cujo apelido é Guille).

Mafalda gosta de brincar, dançar, ama os Beatles, odeia sopa (que segundo o autor é uma alegoria aos regimes militares: "la sopita que hay que tragarse") e questiona permanentemente o mundo adulto, demonstra muita preocupação com as injustiças sociais, com a política, com as guerras, com as etnias e com as ditas atitudes adultas perante essas situações. A personagem divide sua vida entre a família, as brincadeiras com os amigos (Felipe, Libertad, Susanita, Manolito e Miguelito) e a escola.

Guille é um menino rebelde, ingênuo, que não se relaciona diretamente com a turma; suas aparições são sempre em família ou com a Mafalda, a quem ele chama de "Mafadita". Suas paixões são os rabiscos nas paredes, a chupeta *on the rocks* e a Brigitte Bardot.

A mãe, Raquel, de aproximadamente 35 anos, é uma dona de casa que deixou os estudos para constituir uma família e cuidar dela (coisa que a Mafalda sempre lhe recrimina). O pai, de quem não sabemos o nome, tem cerca de 37 anos, é um agente de seguros que vive em permanente crise financeira, tentando equilibrar o orçamento para que não falte nada à família.

Felipe é um menino de bom relacionamento com todos os do grupo, está apaixonado por uma vizinha e sua timidez não lhe permite verbalizar esse sentimento. Sempre está angustiado pelas tarefas que deixou de fazer e sonha constantemente como seria se a escola fosse demolida.

Libertad é a menor das meninas do grupo, não gosta de gente alta, diz gostar de coisas simples e se declara uma pessoa simples também. É crítica e perspicaz, ama a cultura, as reivindicações sociais e as revoluções.

Susanita é a personagem mais egocêntrica da turma, sonha em casar e ter muitos filhos; é a que mais discute com os colegas. Os pobres lhe causam nojo, e ela detesta as reflexões de Mafalda.

Manolito é filho de imigrantes espanhóis, filho do dono da quitanda do bairro, e sua maior habilidade é fazer contas. Seu ídolo é Nelson Rockefeller (multimilionário norte-americano) e seu maior sonho é ter uma cadeia de supermercados. Curte um ódio profundo pelos *hippies* e pelos Beatles.

Miguelito é o menor da turma; relaciona-se bem com todos, possui uma imaginação muito fértil que sempre o faz tirar deduções insólitas e fazer questionamentos que são absurdos aos olhos dos amigos. Detesta a idade que tem e considera-se o centro do mundo.

Todos eles, exceto Guille, vão à escola e é no universo escolar que quero me deter para analisar como o docente é apresentado aos olhos infantis, e críticos ao mesmo tempo, de Mafalda e seus amigos.

A APARÊNCIA

Ao todo o autor escreveu 1.928 tiras da Mafalda, das quais 36 fazem referência à figura do professor. Há várias personagens que representam essa figura e todas elas são femininas. Em quase todas as representações, a aparência da professora é muito sóbria, aparentando uma idade mais "avançada", com o cabelo muito curto ou preso, usando óculos, com roupas largas, fechadas e recatadas (todas elas usam saia e o tradicional guarda-pó), totalmente assexuada, já que as formas femininas não são acentuadas (seios, pernas torneadas, cintura pronunciada). Mesmo as que aparentam ser mais jovens aparecem como mulheres sem nenhum atrativo físico, e muitas vezes são fortemente marcados alguns traços que as tornam "feias" (narizes muito grandes e pontiagudos, pernas muito finas contrastando com o diâmetro exagerado do abdome). Sobre esse ponto, Louro manifesta-se (2001: 467) quando, fazendo referência às antigas normalistas, as retrata como figuras com "severidade e secura, sem atrativos físicos, por vezes quase bruxas, munidas de uma vara para apontar o que está escrito num quadro-negro, quase sempre de óculos".

OS CONTEÚDOS

Embora todas as personagens crianças das tiras tenham idades aproximadas, elas frequentam diferentes espaços escolares, onde há diferentes professoras.

Há momentos em que a mestra parece estar alfabetizando os alunos. E há outros em que os assuntos abordados pelas docentes são de alta complexidade para a faixa etária das personagens. Isso demonstra a visão "conteudista" do ensino da época e do entorno sociopolítico em que as tiras foram escritas.

Na grande maioria delas, a professora aparece sentada à mesa ou em pé na frente do quadro-negro, ou até de costas para as crianças, apenas com a cabeça virada na direção da turma. Sempre em atitude séria (por momentos, ríspida), o que reflete a metodologia que tradicionalmente é associada à docência: é ela quem detém o poder do saber naquele ambiente e é quase nulo o aproveitamento que se faz dos conhecimentos e das experiências dos alunos.

O poder, centralizado na figura da mestra, se vê ameaçado com respostas e questionamentos que a desacomodam; há várias alusões ao espanto ou perplexidade da professora ante as respostas não esperadas ou não desejadas para suas perguntas e observações.

A POSTURA

Em vários momentos, a professora aparece "apontando" para os alunos, numa atitude que solicita a participação destes na aula, sem chamá-los pelo nome e sem fazer uso de qualquer gesto ou palavra que denote carinho. São raros os momentos de afeto com as crianças; isso contraria, de alguma maneira, a visão maternal da professora das séries iniciais.

Outras vezes a vemos perdendo a paciência com alguma resposta dos alunos, o que é verbalmente manifestado e en-

19

fatizado com a ajuda de gestos e com o desalinho da figura da professora.

O CONTROLE

A disposição dos alunos na sala de aula é a tradicional, ou seja, as carteiras dispostas umas atrás das outras, o que não privilegia uma maior interação entre as crianças, uma vez que é a nuca do colega o que cada uma delas enxerga a maior parte do tempo. Por sua vez, isso propicia um controle mais rígido da sala por parte da professora.

Apenas em dois momentos as crianças estão reunidas em pequenos grupos em torno de um trabalho mais livre e descontraído, e certamente menos enfadonho, como é o desenho e a pintura.

OS INSTRUMENTOS

A figura docente sempre é acompanhada por um material, como régua, livro, giz, o globo terrestre e a batuta. Estes se apresentam como uma continuidade da figura da mestra, como se, sem eles, ela perdesse sua força e poder. Tanto a régua quanto a batuta falam por si; elas marcam, alcançam lugares onde o braço não chega; se usadas com agressividade podem machucar, fazer ruído, enfim são sinônimos de poder.

Não se observa nas tiras analisadas qualquer tipo de diálogo ou relacionamento entre a professora e os alunos fora do contexto escolar, como se ambas as partes não tivessem vidas próprias além dos conteúdos. Não há nenhuma alusão à vida particular da(s) professora(s), e nada é comentado sobre as respectivas famílias. Embora as crianças apareçam em outros ambientes, tenham outras habilidades e interesses, se relacionem entre si e com outras pessoas, nada disso é tratado na escola. Apenas são abordadas as questões relacionadas à aprendizagem e sempre o aluno aparece como o depositário das informações, aquele que tem que ser "formado" e de quem se esperam humildes atitudes de aprendiz.

FINALIZANDO

A análise da figura docente no contexto específico da Mafalda não teve a intenção de fazer qualquer crítica e sim apenas constatar qual a visão ou visões que o autor tinha no momento histórico em que elaborou as tiras. Toda a obra tem uma crítica sociopolítica muito nítida: é a visão de mundo pelos olhos infantis, são os questionamentos feitos a partir das contradições entre o falado e o acontecido, entre os discursos "adultos" e as ditas atitudes "adultas", são as distâncias percorridas entre a teoria e a prática. É o universo incompreensível visto pelas crianças que tentam explicar as coisas a partir de seus pontos de vista, usando a sua lógica, estabelecendo suas próprias regras.

A escola não podia ficar de fora dessa crítica. Assim, a figura docente carrega todos os rótulos que podemos chamar de negativos: não é uma figura agradável (ou bonita, interessante, fisicamente harmoniosa), não tem demonstrações carinhosas nem acolhedoras para com as crianças; pelo contrário, sempre demonstra atitudes sérias. O próprio tratamento docente-aluno desenvolve-se na formalidade da terceira pessoa; a mestra é chamada de "senhorita" e esta, por sua vez, quando faz a chamada, nomeia os alunos pelo sobrenome e não pelo nome. Isso marca acentuadamente esse distanciamento e frieza no relacionamento entre as partes.

A professora representada nas tiras analisadas está muito longe de ser a "continuidade" daquela figura materna que esbanja dedicação, atenção e amor. As suas reações são, na maioria das vezes, de desequilíbrio, espanto, admiração, mas raramente de troca, interação e afetividade. O seu fazer pedagógico remonta a práticas hoje largamente discutíveis e questionadas.

REFERÊNCIAS

LAVADO, Joaquín Salvador. *Toda Mafalda*; da primeira à última tira. Trad. de Andréa Stabel M. da Silva. 7. ed. São Paulo, Martins Fontes, 1993.

LEMES, Adriana. *A escola do Chico Bento*; representações do universo escolar em histórias em quadrinhos de Maurício de Souza. Canoas, Universidade Luterana do Brasil, 2005. (Dissertação de Mestrado.)

LOURO, Guacira Lopes. Mulheres na sala de aula. In: PRIORE, Mary Del (org.). *História das mulheres no Brasil*. 6. ed. São Paulo, Contexto, 2002. pp. 443-481.

MAFALDA, Imagens da. Disponível em: <www.quino.com.ar> e <www.mafalda.com.ar>. Acesso em: 2 e 5 nov. 2005.

SILVEIRA, Rosa Maria Hessel (org.). *Professoras que as histórias nos contam*. Rio de Janeiro, DP&A, 2002.

2. Desafios da docência:
algumas reflexões sobre a possibilidade de uma gestão pedagógica da pesquisa

*Jacira Pinto da Roza**

Este breve texto pretende apontar algumas reflexões acerca da importância da pesquisa no exercício da docência nos cursos de formação de professores. Contribuem para essa construção os estudos agregados como pesquisadora e docente do ensino superior no curso de formação de professores e pesquisas realizadas na construção de duas dissertações que versam sobre essa temática: a importância da pesquisa nos cursos de formação de professores (ROZA, 2004; 2005).

Inicialmente, serão tecidas algumas reflexões sobre a relação pedagógica a partir dos estudos de Meirieu (1998; 2002; 2005) e a complexidade imbricada na interação cotidiana vivenciada por educadores e educandos no espaço pedagógico da sala de aula, buscando fundamentação teórica em Lessard & Tardif (2005), Kincheloe (1997), entre outros autores. Nesse diálogo, apontaremos a pesquisa como atitude cotidiana a ser assumida pelos sujeitos envolvidos, professores e alunos, no processo de construção do conhecimento rumo a uma aprendizagem significativa, o que chamaremos de "gestão pedagógica da pesquisa".

Frente à extrema dinamicidade com que as informações são veiculadas na sociedade atual, as instituições de ensino

---
* Pedagoga; especialista em Administração e Planejamento para docentes; mestre em Educação pela Ulbra e UFRGS; doutora em Educação pela UFRGS; professora do curso de Pedagogia da Ulbra.

se veem compelidas a ressignificar suas práticas pedagógicas e a buscar novos sentidos para o encontro entre professores e alunos.

Estamos vivendo um processo de ruptura paradigmática que recusa a racionalidade técnica e o ensino cartesiano, se configurando como uma nova percepção de mundo, de homem, de ciência. As verdades absolutas dão lugar ao reino das incertezas; o conhecimento lógico e definido cede lugar ao conhecimento provisório. Construir o conhecimento tecido nas complexas redes contextuais de significações pressupõe assumir o processo pedagógico com objetivos e estratégias pedagógicas diferenciadas; a sala de aula passa a ser palco de discussões, de argumentações, de pesquisa. A discussão a partir da complexidade pressupõe acolher a investigação como princípio pedagógico norteador, onde professor e aluno se lançam na construção de projetos – de vida, de saberes.

Nesse contexto de permanentes ressignificações, as competências[1] pedagógicas dos professores também são constantemente desafiadas, pois os estudos no campo da Educação apontam para a necessidade de propostas de trabalho voltadas para a potencialização dos indivíduos, ou seja, sugerem a necessidade da individualização (MEIRIEU, 2002). Nesse processo, entende-se que os indivíduos têm perfis cognitivos diferentes uns dos outros; cabe às escolas tentar garantir que cada um receba a educação que favoreça o seu potencial individual.

Meirieu (2005), ao apontar alguns princípios fundantes da relação pedagógica no cotidiano da sala de aula, destaca que a escola pretende ocupar um espaço privilegiado no processo de transmissão dos saberes. E, nesse sentido, as instituições de ensino abordam de maneira exaustiva o conjunto de saberes que julgam necessários ao acesso do estatuto do cidadão adulto – o que as pessoas têm de saber; saberes passados de

---

[1] Entendemos por competência a capacidade de articular os saberes construídos para a resolução de situações-problema.

geração em geração. Os educadores trabalham os conteúdos de maneira exaustiva, sem estabelecer uma relação entre eles e os conhecimentos de ordem existencial, presentes no dia a dia dos indivíduos. Ainda segundo Meirieu (2005: 49), "o desejo de homogeneidade é a ruína da escola".

Sabemos que, no cotidiano, buscamos os saberes necessários à resolução de uma situação e, geralmente, preferimos apelar a alguém competente para nos ajudar a construir essa competência. A escola parece esquecer desses processos quando organiza suas propostas pedagógicas, estabelecendo uma espécie de hierarquia de saberes. Esteban & Zaccur (2002: 38), ao refletirem sobre a persistência da racionalidade técnica na organização dos programas dos cursos de formação de professores, advertem:

[...] a limitação do processo reflexivo está intimamente associada à consideração das habilidades e estratégias de ensino (os meios da instrução) e a exclusão da esfera de competência dos professores, da definição do conteúdo e fins da educação e dos aspectos morais e éticos do ensino [...]. O ensino se torna meramente uma atividade técnica.

Cabe-nos questionar: será que esses conhecimentos insuficientes, incompletos, advindos das experiências dos sujeitos na construção da vida cidadã não poderiam/deveriam se constituir no mote desencadeador necessário à construção e/ou organização das propostas escolares? Será que não podemos reinventar a nós mesmos, professores, e o nosso fazer docente?

Segundo os estudos de Meirieu (2005), o princípio da progressividade programática, presente nas instituições escolares, acaba por determinar os saberes necessários aos educandos e o nível de complexidade destes na proposta curricular. Meirieu (2005: 38) ainda exemplifica: "a letra antes da palavra, a frase antes do texto, o texto antes do livro, o livro antes do autor". A partir dessas reflexões, desafia os educadores a elaborar programas escolares com responsabilidade política, ao perguntar: "o que é necessário que o conjunto dos cidadãos conheça para viver em comunidade? Que conhecimentos históricos, artísticos, científicos são necessários compartilhar?" (MEIRIEU, 2005: 39).

Na continuidade de suas reflexões, Meirieu aponta para mais um princípio presente na relação pedagógica, desafiando as escolas e sua forma de organização pedagógica e, por consequência, os educadores. Trata-se da ideia da superação do "fazer", da mera transmissão de saberes através da imposição à produção e à "compreensão". É necessário que as instituições organizem suas propostas pedagógicas a partir de metodologias mais dinâmicas, mais ativas. A pedagogia contemporânea entende que o processo de construção do conhecimento remete à aprendizagem, a uma educação que visa à formação intelectual e cidadã do sujeito, efetivando-se no espaço pedagógico através de processos interativos de reflexão, de discussão e de permanentes questionamentos, de promoção de situações que permitam ao acadêmico mobilizar seus conhecimentos, ressignificá-los e contextualizá-los frente aos novos conhecimentos.

Nesse sentido, Meirieu (1998: 79), ao refletir sobre a atividade pedagógica, afirma que "a aprendizagem põe frente a frente, em uma interação que nunca é uma simples circulação de informações, um sujeito e o mundo, um aprendiz que já sabe sempre alguma coisa e um saber que só existe porque é reconstruído".

Nessa perspectiva, os processos metodológicos ganham significação, pois remetem ao fazer diário, pessoal, com os alunos, e nesse contexto a pesquisa precisa ser assumida como mote norteador da ação educativa, mas se faz necessário provocar no educando o desejo de aprender. "O que mobiliza um aluno, o que o introduz em uma aprendizagem, o que lhe permite assumir as dificuldades da mesma, ou até mesmo as provas, é o desejo de saber e a vontade de conhecer" (MEIRIEU, 1998: 86).

Esse mesmo autor afirma que a relação pedagógica aborda também a questão da afetividade, vínculo, identificação e sedução. O prazer é um fator primordial para encontrar o êxito; mesmo para enfrentar as dificuldades, pode existir o prazer da descoberta. Lessard & Tardif (2005: 67), ao refletirem sobre a organização escola e a ação pedagógica, trazem interessante contribuição a este estudo, afirmando que:

[...] a ação pedagógica não pode nunca se limitar à coerção e ao controle autoritário, porque ela exige, para ter êxito, uma certa participação dos alunos e, de algum modo, seu "consentimento" [...] sua "motivação". [...] Ninguém pode forçar alguém a aprender (embora se possa fazê-lo a fazer de conta que aprende ou submetê-lo aos símbolos exteriores da aprendizagem). [...] Ensinar é lidar com um "objeto humano". [...] Essa participação dos alunos está no centro das "estratégias de motivação" que empenham uma boa parte do ensino.

Demo (1998) desafia os professores a assumirem a pesquisa como atitude cotidiana, onde o questionamento reconstrutivo ganha espaço em sala de aula. Significa dizer que o espaço pedagógico da sala de aula precisa ganhar vida, ser redimensionado para constituir-se em um lugar onde educador e educandos possam refletir, discutir, reconstruir seus saberes, gerar aprendizagens significativas. Poderíamos dizer que a sala de aula pode e deve se constituir em um laboratório de aprendizagens e, consequentemente:

[...] uma faceta importante da organização escolar é a autonomia "garantida" aos professores enquanto agentes que emitem juízos de discernimento a respeito dos procedimentos que devem ser utilizados em classe com os grupos de alunos sob sua responsabilidade. Essa autonomia se manifesta na própria organização escolar, ou seja, na sua estrutura em forma de classes, sua organização celular. O protagonismo entre professor e alunos é resultado de um processo interativo e investigativo, pois [...] o trabalho com uma coletividade tem a consequência de transformar as ações do professor em interações com um grupo em que os alunos interagem entre si (LESSARD & TARDIF, 2005: 66; 69).

Ao refletir sobre a importância dos processos interativos entre educadores e educandos a partir de exercícios de pesquisa, Kincheloe (1997) apresenta uma lista (segundo o autor, uma tentativa!) de benefícios cognitivos que podem ser alcançados através dessa vivência a que chama "pesquisa-ação crítica":

- Leva-nos ao reino crítico da produção do conhecimento, porque ela nos induz a organizar as informações e a interpretá-las;
- Focaliza nossa atenção no pensar sobre o nosso pensar, porque exploramos nossa própria construção da consciência, nossa autoprodução;
- Cria uma orientação analítica para o nosso trabalho;
- Ajuda-nos a aprender a ensinar a nós mesmos;
- Melhora nossa habilidade para nos engajar numa acomodação emancipatória;
- Cultiva a empatia com os alunos e colegas;
- Nega a confiança nos procedimentos do pensamento;
- Tenta melhorar o pensamento ao entendê-lo como simplesmente um aspecto da existência cotidiana.

Citando Demo, Roza (2004) indica os principais procedimentos para (re)construir as competências do professor ao afirmar que é necessário: estudar, com elaboração própria, com o fundamento propedêutico e científico; demarcar um espaço a ser ocupado cientificamente – temática docente a qual vai se dedicar; conhecer autores, teorias; organizar um processo sistemático de pesquisa e elaboração própria – evolução cada vez mais expressiva da competência; promover formulações didáticas na construção de material próprio; montar perfil consistente de pesquisador – o professor é solicitado e respeitado por sua produção própria; manter produção constante como recuperação permanente da competência.

Como afirma Masetto (2003: 37): "Bem diferentes são as consequências da docência quando sua ênfase se der no processo de aprendizagem". Segundo o referido autor, o processo de aprendizagem engloba o educando em diferentes dimensões:

Área do conhecimento – propõe situações em que o sujeito precisa pensar, comparar, analisar, argumentar, descobrir, elaborar, pesquisar... na intenção de articular os conhecimentos já construídos com os novos que adquire, na reconstrução dos significados atribuídos e na busca de novos sentidos para o conhecimento;

Área afetivo-emocional – conduz o sujeito ao conhecimento de suas capacidades e limitações no convívio com as pessoas, na construção de parcerias e vivência de valores como a cooperação, o respeito, a atenção, a solidariedade, entre outros;

Área das habilidades – busca analisar propostas de articulação dos conhecimentos construídos com as situações concretas do dia a dia; a desafiar o educando a comunicar-se com outras pessoas; a elaborar produções de mão própria (DEMO, 1998); a tomar decisões diante de situações desafiadoras; a participar de grupos de discussão e estudos etc.;

Desenvolvimento de atitudes e valores – enfoca a dimensão axiológica: valores éticos, políticos e sociais, numa dimensão de valorização do conhecimento para a sua autorrealização e para o bem comum da sociedade (RIOS, 2001). Trabalhar os valores como compromisso, responsabilidade, democracia, respeito às individualidades, coletividade, entre outros, que precisam ser enfocados na convivência diária, pois buscamos a formação do aluno numa dimensão holística.

Essas questões no cenário educacional se tornam relevantes para professores-pesquisadores que objetivam na pesquisa atitude cotidiana de busca, reflexão e questionamento prático aos desafios que permeiam a ação pedagógica, bem como demonstrar que o conceito de pesquisa, primeiramente, não é unívoco, e que é possível o empreendimento de iniciativas que busquem instalar a dúvida, a curiosidade, a descoberta, proporcionando reflexão e, por consequência, a aprendizagem, pois, como afirma Kincheloe (1997: 116): "O conhecimento não emerge nem dos sujeitos, nem dos objetos, mas da relação dialética entre o conhecedor (sujeito) e o conhecido (objeto)".

A prática, portanto, é um "solo fértil" para que o docente encare/assuma o desafio da pesquisa, onde o objeto de investigação faça parte de seu cenário pedagógico diário, permitindo-lhe refletir e melhor atuar sobre ele. Dessa forma, teremos, como afirmam Esteban & Zaccur (2002: 22) "uma práxis como resultado da síntese teoria-prática".

Na esteira desse pensamento, a dicotomia entre o fazer e o pensar cede espaço à complexidade do processo pedagógico. Refletir sobre aquilo que foi vivido no ambiente concreto, na dinâmica do processo, e buscar fundamentação teórica para essa prática permitem ao professor e ao educando um movimento dialético de construção do conhecimento acerca de si mesmo e de sua ação, que corrobora na elaboração de questionamentos e de dúvidas que fertilizarão esse "novo fazer", com um "novo olhar". Assim, optamos por denominar esse processo de "gestão pedagógica da pesquisa". Esse processo ganhará força se conseguir ultrapassar iniciativas isoladas e se instalar no espaço coletivo dos ambientes escolares e acadêmicos um espaço onde os pares consigam se confrontar com as limitações do ato educativo e recriar ou redimensionar ideias e iniciativas concretas de ação com vistas à transformação.

Demo (1999: 16) alerta quanto aos desafios da pesquisa no cenário educativo, afirmando que "em termos cotidianos, pesquisa não é um ato isolado, intermitente, especial, mas atitude processual de investigação diante do desconhecido e dos limites que a natureza e a sociedade nos impõem", devendo compor o cotidiano de educandos e educadores; como atitude de vida, é cultura. A pesquisa deve perpassar pela teoria e prática docente, permitindo a interface entre elas.

Afirma-se, portanto, que a pesquisa adensa a instrumentação teórico-prática para o exercício da cidadania e participação do processo produtivo de conhecimento. Nessa perspectiva, podemos afirmar que o professor precisa ser um pesquisador, saber ler a realidade criticamente e fazer da pesquisa princípio educativo, parte inerente no processo pedagógico. Através da pesquisa, professor e aluno fazem a leitura da realidade, imprimindo um olhar crítico para saber intervir de forma alternativa, com base na capacidade questionadora.

O questionamento reconstrutivo com qualidade formal e política passa a ser caracterizado como pesquisa internalizada, como atitude cotidiana, praticada de diferentes maneiras, de acordo com o grau de desenvolvimento de cada pessoa; diferencia-se das atitudes comuns pelo questionamento reconstrutivo, com base na crítica e na intervenção alternativa. A Educação, como processo de formação da competência humana e histórica, requer, portanto, questionamento reconstrutivo como atitude de questionar e reconstruir o cotidiano, e o processo educativo deve implicar qualidade formal e política, conjugando meios e fins. Refletindo sobre as características da instituição escola, Lessard & Tardif (2005: 79) declaram que:

> Ora, para os professores, essa estrutura organizacional não é apenas uma realidade objetiva, um ambiente neutro dentro do

qual seu trabalho é feito: ela constitui uma fonte de tensões e de dilemas próprios dessa profissão, tensões e dilemas que eles precisam resolver diariamente, para dar continuidade e realizar suas tarefas profissionais.

Portanto, estamos cientes de que o exercício da docência é assumir a pesquisa como atitude cotidiana frente aos saberes. Não é tarefa fácil. Para que a gestão pedagógica da pesquisa se concretize nas instituições de ensino é necessário que sejam criados espaços de discussão, de fomentação, visto ser esta uma das vias importantes para a reflexão de inquietações e questões relativas à prática docente. A fomentação da prática de pesquisa é desafio a ser encarado seriamente pelas instituições de ensino, seja qual for o nível de sua abrangência, pois significa espaço de construção e crescimento coletivo.

Nessa perspectiva, Meirieu (2002: 154), ao falar sobre a importância da construção do conhecimento através de processos de individualização, tendo como ponto de apoio as construções anteriores feitas pelos alunos, dá espaço à inventividade e à curiosidade:

> É por esta razão que uma verdadeira individualização das aprendizagens só ocorre na individualização das condutas de pesquisa, no esforço de oferecer ao aluno os recursos e os métodos que lhe possibilitem uma exploração intelectual tanto aventureira quanto sistemática. A individualização dos percursos de formação remete, então, a práticas pedagógicas que suscitam a investigação individual mais ampla e mais rigorosa possível, sem aprisionar os sujeitos em progressões taxonômicas rígidas.

É necessário, portanto, criar situações de aprendizagem que promovam a aprendizagem com autonomia, recriação, motivando os educandos a elaborações próprias, a assumirem o papel de protagonistas, sujeitos do processo educativo. A reconstrução se dá a partir do que já se conhece – conhecimento historicamente construído; a originalidade está na interpretação própria, na reelaboração pessoal, que implica processo complexo e evolutivo de desenvolvimento da competência. Fundamental se torna valorizar as experiências sociais e culturais dos alunos, bem como ter ambientes preparados com materiais ligados às necessidades curriculares, permitindo fácil acesso aos educandos. A pesquisa, portanto, é processo, acontece gradativamente e precisa do envolvimento ativo e reflexivo dos sujeitos envolvidos, professores e alunos, pois "a partir do questionamento é fundamental pôr em movimento todo um conjunto de ações, de construção de argumentos que possibilitem superar o estado atual e atingir novos patamares do ser, do fazer e do conhecer" (LIMA & MORAES, 2002: 16). A pesquisa articulada ao ensino pode contribuir para que a construção do conhecimento aconteça de forma significativa.

Buscamos em Esteban & Zaccur (2002: 68) interessante reflexão para finalizar este estudo, embora estejamos cientes de que se faz necessário o aprofundamento de nossas pesquisas e entendemos que o foro de discussões permanece aberto...

> Pesquisar-ensinar-artistar: viver, em uma palavra. Arriscar-se, assumir o risco da morte, que é estar vivo/a, sem se considerar um produto acabado. Viver, para nos fazer mais artistas da própria profissão e existência. Para realizar a sina e a situação de estar no mundo, vivos/as. E, em consequência, para tornar nossa vida e a dos/as outros/as mais dignas de serem vividas.

REFERÊNCIAS

DELORS, Jacques (org.). *Educação: um tesouro a descobrir.* São Paulo, Cortez, 1999.

DEMO, Pedro. *Pesquisa;* princípio científico e educativo. 6. ed. São Paulo, Cortez, 1999.

DEMO, Pedro. *Educar pela pesquisa*. 3. ed. Campinas, Autores Associados, 1998.
ESTEBAN, Maria Teresa & ZACCUR, Edwiges (orgs.). *Professora-pesquisadora: uma práxis em construção*. Rio de Janeiro, DP&A, 2002.
KINCHELOE, Joe. A *formação do professor como compromisso político: mapeando o pós-moderno*. Porto Alegre, Artmed, 1997.
LESSARD, Claude & TARDIF, Maurice. *O trabalho docente*; elementos para uma teoria da docência como profissão de interações humanas. Trad. de João Batista Kreuch. Petrópolis, Vozes, 2005.
LIMA, Valderez Marina do Rosário & MORAES, Roque (orgs.). *Pesquisa em sala de aula*; tendências para a educação em novos tempos. Porto Alegre, PUC, 2002.
MASETTO, Marcos Tarciso. *Didática: a aula como centro*. 4. ed. São Paulo, FTD, 1997.
MEIRIEU, Philippe. *Aprender... sim, mas como?* Porto Alegre, Artmed, 1998.
_____. *A pedagogia entre o dizer e o fazer*; a coragem de começar. Porto Alegre, Artmed, 2002.
_____. *O cotidiano da escola e da sala de aula*; o fazer e o compreender. Porto Alegre, Artmed, 2005.
ROZA, Jacira Pinto da. *Educar pela pesquisa no ensino superior*; concepções e vivências docentes no curso de Pedagogia da Universidade Luterana do Brasil. Canoas, Universidade Luterana do Brasil, 2004. (Dissertação de Mestrado.)
_____. *A pesquisa no processo de formação de professores: intenções e experiências docentes e discentes e as limitações deste exercício*; um olhar sob duas realidades educacionais. Porto Alegre, UFRGS, 2005.

3. A escola como espaço de culturas*

Eliana Muller de Mello**
Selenir Corrêa Gonçalves Kronbauer***

A relação estabelecida entre crianças brancas e negras numa sala de aula pode acontecer de modo tenso, ou seja, segregando, excluindo, possibilitando que a criança negra adote em alguns momentos uma postura introvertida, por medo de ser rejeitada ou ridicularizada pelo seu grupo social. O discurso do opressor pode ser incorporado por algumas crianças de modo maciço, passando então a se reconhecer dentro dele como "feia, preta, fedorenta, cabelo duro", iniciando o processo de desvalorização de seus atributos individuais, que interferem na construção da sua identidade. A exclusão simbólica, que poderá ser manifestada pelo discurso do outro, parece tomar forma a partir da observação do cotidiano escolar. Este poderá ser uma via de disseminação do preconceito por meio da linguagem, na qual estão contidos termos pejorativos que em geral desvalorizam a imagem do negro.

O cotidiano escolar pode demonstrar a (re)apresentação de imagens caricatas de crianças negras em cartazes ou textos didáticos, assim como os métodos e currículos aplicados,

---

* Texto publicado em espanhol em: *Didac*, México, v. 48, pp. 11-18, 2006.
** Graduada em Letras; mestre em Educação; especialista em Linguística Aplicada e Metodologia de Ensino; professora do Centro Universitário Feevale e da Escola de Educação Básica Feevale (Escola de Aplicação).
*** Graduada em Pedagogia; mestre em Teologia (área de Religião e Educação); especialista em supervisão escolar; professora da Universidade Feevale e das Faculdades EST; supervisora pedagógica do Ensino Médio e dos cursos técnicos da Escola de Educação Básica da Feevale (Escola de Aplicação); coordenadora do Grupo Identidade da EST.

que parecem em parte atender ao padrão dominante, já que neles percebemos a falta de visibilidade e reconhecimento dos conteúdos que envolvem a questão negra. Essas mensagens ideológicas tomam uma dimensão mais agravante ao pensarmos em quem são seus receptores. São crianças e jovens em processo de desenvolvimento emocional, cognitivo e social, que podem incorporar mais facilmente as mensagens com conteúdos discriminatórios que permeiam as relações sociais, aos quais passam a atender os interesses da ideologia dominante, que objetiva consolidar a suposta inferioridade de determinados grupos. De acordo com Ana Célia da Silva (1989: 56), a inculcação do estereótipo inferiorizante visa produzir a rejeição de si próprio, do seu padrão estético, bem como dos seus semelhantes. Por sua vez, inferiorizados tendem a ser rejeitados, porque passam a ser vistos pela ótica imposta do dominador como primitivos, inferiores ou "folclóricos".

A BUSCA DO *EU* NO *OUTRO*

É possível compreendermos que as diversidades existentes entre os grupos étnicos se tornaram pontos de conflito, pois de um lado existe um *eu* que pensa igual, acredita nos mesmos deuses, vive de modo "estável" e, de repente, percebe que existe um *outro* que não compartilha das mesmas crenças. Esse contato com o que se mostra de modo distinto do padrão ocorre, em geral, de modo turbulento: perturba e ameaça desintegrar a identidade "estável" da sociedade do *eu*. A imposição da presença do *outro* é vivida como a negação dessa aparente ordem. A palavra *ordem* está vinculada ao desejo de manter a estabilidade. O estágio de constância que é determinado pela manutenção do mesmo esquema social.

É atribuído à sociedade do *eu* tudo o que for mais elaborado ou civilizado. Já a sociedade do *outro* é marcada pela reificação de ideias etnocêntricas. Caracterizando-se como primitivo, não humanizado, ele é percebido como um "intruso" que trará a desordem. A palavra *desordem*, nesse sentido, é percebida como algo ruim. A conotação que lhe é atribuída é de destruição. Para que essa destruição não ocorra, busca a sociedade do *eu* uma forma de proteger-se desse efeito desestabilizador, mediante a neutralização do desconhecido. Portanto, para evitar o possível caos, busca manter o *status quo*, para o que é necessário calar o *outro*, mantendo-o excluído e dominado, a fim de permanecer a ilusão do equilíbrio e da ordem vivida na ausência da diferença.

A coexistência do *eu* e *outros* instaura a dimensão do desconhecido, desestabilizando as estruturas vigentes e formando outras novas com direções imprevisíveis. Essa incerteza leva a uma sensação de desordem que, se acolhida de modo satisfatório, poderá ser um momento de grandes transformações e cooperação para a construção de uma nova *ordem* social. Para que isso ocorra, é necessário reconhecer a relação dialógica entre esses termos, pois eles fazem parte do mesmo processo de construção histórica. Viver apenas uma ou outra seria viver de modo pobre, mutilado. Se houvesse apenas *ordem*, não haveria espaço para o novo, o ousado, o criativo. Se houvesse apenas *desordem*, não haveria capacidade de manter a evolução e o desenvolvimento.

Há uma cristalização de pensamentos em ideias estereotipadas, o que pode deflagrar um mal-estar diante do *outro*, demarcando uma distância de reconhecimento e prestígio entre sociedades distintas. Tal comportamento é denominado preconceito. Os sujeitos que possuem tal crença constroem conceitos próprios, marcados por estereótipos, que são os fios condutores para a disseminação do preconceito, pois se encontram em consonância com os interesses do grupo dominante, que utiliza seus aparelhos ideológicos para difundir a imagem depreciativa do negro.

Nesse sentido, o estereótipo leva a uma "comodidade cognitiva", pois não é preciso pensar sobre a questão racial de modo crítico, uma vez que já existe um (pré)conceito formado, fazendo com que os sujeitos simplesmente se apropriem dele, colaborando para a acentuação do processo de alienação da identidade negra. Esses estereótipos dão origem ao estigma que vem sinalizar suspeita, ódio e intolerância dirigidos a determinado grupo, inviabilizando a sua inclusão social.

Nesse sentido, conforme Kabengele Munanga (1986: 23), privados da escola tradicional, proibida e combatida, para os filhos de negros a única possibilidade é o aprendizado do colonizador. Ora, a maior parte das crianças está nas ruas. E aquela que tem a oportunidade de ser acolhida não se salva: a memória que lhe inculcam não é a de seu povo; a história que lhe ensinam é outra; os ancestrais africanos são substituídos por gauleses e francos de cabelos loiros e olhos azuis; os livros estudados lhe falam de um mundo totalmente estranho, da neve e do inverno que nunca viu, da história e da geografia das metrópoles; o mestre e a escola representam um universo muito diferente daquele que sempre a circundou.

A impressão do estigma depende da visibilidade e do conhecimento do "defeito". A partir dessa confirmação, o sujeito torna-se desacreditado em suas potencialidades, passando a ser identificado não mais pelo seu caráter individual, mas de acordo com a sua marca, destruindo-se a visibilidade das outras esferas de sua subjetividade. No caso da população negra, o seu "defeito" é evidente, já que sua cor a "denuncia", passando então a experimentar no seu próprio corpo a impressão do estigma e, a partir deste, ser *suspeito* preferencial das diversas situações que apresentam perigo para a população. Em relação ao estigma da cor, Regina Pahim Pinto (1987: 25), baseada em Hasenbalg (1979), afirma que "a população negra sofre, além dos mecanismos da discriminação de classe, uma vez que ela se concentra nos setores subalternos da sociedade, o impacto da discriminação de cor. A cor opera como um elemento que afeta negativamente o desempenho escolar e o tempo de permanência na escola".

Em princípio, os grupos homogêneos como a família produzem uma cápsula protetora que faz o sujeito se sentir menos agredido, mas, ao entrar em contato com a diversidade social, passará a dimensionar as violentas atribuições dadas às suas diferenças físicas. Desse modo, o momento em que estigmatizados e "normais" se encontram numa mesma situação social é o instante no qual se evidenciam todas as diferenças, causando incômodos para ambas as partes. Nesse encontro, o estigma parece tomar uma proporção ainda maior, e os estigmatizados sentem-se inseguros diante do olhar do opressor, por não saberem quais atribuições estão sendo dadas. Seria como se fossem cruamente invadidos por avaliações estereotipadas que reduzem a sua identidade ao seu "defeito". Conforme Regina Pahim Pinto (1987: 19):

[...] o negro é desvalorizado, tanto do ponto de vista físico, intelectual, cultural, como moral; a cor negra e os traços negroides são considerados antiestéticos; a cultura e os costumes africanos são reputados como primitivos; há uma depreciação da sua inteligência e uma descrença na sua capacidade; coloca-se em dúvida sua probidade moral e ética.

CONSOLIDANDO O IMAGINÁRIO SOCIAL

O "rótulo" que o aluno negro carrega em relação a suas dificuldades de aprendizagem de certa forma tem contribuído para "fortalecer" ainda mais a ideia de que os alunos negros apresentam o pior desempenho escolar, mesmo que sejam da mesma classe social do branco. Construções científicas vieram contribuir para a consolidação do estereótipo do negro no imaginário social, acreditando que a distinção moral "estava contida" na essência racial, ou seja, características depreciativas como "negro não sabe falar, não tem educação, não pode ser bonito, não é inteligente, não pode liderar" estariam ligadas a questões fenotípicas, isto é, uma redução do cultural ao biológico, desvalorizando-se as características individuais e sociais. As marcas do corpo ou caracteres físicos demarcam as distâncias e os locais ocupados no prestígio social. Por meio de um traço "objetivo" – caracteres físicos –, indica-se o caminho para construções arbitrárias, baseadas na ideologia dominante, as quais passam a atribuir significados que desqualificam a identidade da população negra.

Essa associação do caráter social que está contido na essência racial leva a perceber a subjetividade da população negra como fixa, acabada e imutável nas atribuições negativas, portanto, com pouca ou nenhuma possibilidade de mobilização. Essa naturalização do caráter social foi uma forma de justificar a diferença de tratamento, *status* e prestígio, levando a uma relação racista, perversa e nociva. Uma ideia biológica errônea – mas eficaz o suficiente para manter e reproduzir a ideologia dominante nos seus objetivos de multiplicar as diferenças e privilégios – consolidou a suposta superioridade branca, que passou a ser sinônimo de pureza, nobreza estética e sabedoria científica. Em contrapartida, a cor negra passou a ser sinal do desrespeito e da descrença.

Parece haver interesse na transmissão de uma ideologia inferiorizadora, que objetiva dominar, dividir, eliminar, desculturalizar, embranquecer, perpetuando mitos e estereótipos negativos referentes à população negra. Essa manifestação de desigualdade de poderes e direitos não possui uma origem natural, como foi pensado anteriormente, mas partiu de uma construção social sem base objetiva, decorrente de representações ideológicas que englobam crenças e valores de um grupo dominante que busca manter a ordem social ou o ideal do *éthos* branco. Seu objetivo é sustentar as relações assimétricas e monopolizar as ideias e ações de um determinado grupo, mantendo-o preso e dominado por esses conceitos, falseando a realidade, ocultando contradições reais, construindo no plano imaginário um discurso aparentemente coerente e a favor da unidade social.

Conforme Hasenbalg (1987: 26),

O aluno negro ou aluno pobre é absorvido pela rede escolar de maneira diferente do aluno de classe média ou não pobre; [...] os professores atuam no sentido de reforçar a crença de que os alunos pobres e negros não são educáveis.

O preconceito afeta não apenas o destino externo das vítimas, mas a sua própria consciência, já que o sujeito passa a se ver refletido na imagem preconceituosa apresentada. Muitos negros são induzidos a acreditar que sua condição inferior é decorrente de suas características pessoais, deixando de perceber os fatores externos, isto é, assumem a discriminação exercida pelo grupo dominante. Nesse momento, surgem a idealização do mundo branco e a desvalorização do negro, construindo-se a seguinte associação: o que é branco é bonito e certo, o que é negro é feio e errado. Devido a esse processo de alienação de sua identidade individual e coletiva, há um distanciamento, por parte dos negros, das matrizes culturais africanas, chegando eles, em alguns momentos, a tratar com menos valor seus atributos negros, podendo, inclusive, não questionar os estereótipos e situações preconceituosas, com medo de não serem aceitos pelo seu grupo social, preferindo permanecer submissos. Ao incorporar esse discurso ou omitir--se diante dele, o sujeito negro dá início ao processo de autoexclusão. Nesse momento, o preconceito cumpre o seu papel, mobilizando nas suas vítimas sentimentos de fracasso e impotência, impedindo-as de desenvolver autoconfiança e autoestima.

O preconceito racial cria uma ação perversa que desencadeia estímulos dolorosos e retira do sujeito toda possibilidade de reconhecimento e mérito, levando-o a utilizar mecanismos defensivos das mais diversas ordens contra a identidade ou o pensamento persecutório que o despersonaliza e o enlouquece.

Nessa perspectiva, é fortalecida a ideia de dominação de grupos que se julgam mais adiantados, legitimando os desequilíbrios e desintegrando a dignidade dos grupos dominados.

IDENTIDADE E REPRESENTAÇÃO

Em todos os grupos humanos, é possível observar a utilização de meios pedagógicos como forma de transmissão do saber, por meio dos quais os sujeitos compartilham conhecimentos, símbolos e valores. Em sociedades "modernas", criou-se uma sistematização desse saber, nas quais mediante modelos formais e centralizados as informações são transmitidas. Acreditava-se que essa seria a forma viável de adquirir polidez e desenvolver um conhecimento mais especializado.

Esse *locus* de conhecimento foi denominado "escola", constituindo-se num sistema aberto que passou a fazer parte da superestrutura social, formada por diversas instituições como: família, igreja, meios de comunicação. O sistema escolar é organizado para cumprir uma função social que, em geral, está de acordo com as demandas sociais. O seu principal objetivo é formar um sujeito apto a assumir seu espaço na sociedade, ou seja, produtivo, submisso, tendo boa interação com o seu grupo social. Para isso, é necessário manter ativos os controles sociais, que são formados por regras aplicadas ao cotidiano escolar, "sanando" qualquer disfunção que venha impedir a efetuação do processo educativo. Para um controle mais eficaz, utilizam-se recursos que podem variar desde a retaliação ou punição até a segregação ou marginalização dos grupos considerados desviantes da norma.

Acredita-se que a escola, enquanto espaço institucional, "proporcionará" um campo de crescimento equitativo para todos os que usufruem dos seus serviços, aperfeiçoando suas atribuições pessoais e, a partir de então, propiciará um acesso à vida em sociedade. Mas qual o tipo de cidadão que estaria sendo construído nesse espaço? Um dos aspectos que dão margem a esse tipo de questão seria a observação do método de ensino adotado pela instituição, o qual parece encontrar--se pautado em um padrão que atende às necessidades de um grupo dominante; e dentro de uma compreensão monolítica, desconsideram a pluralidade cultural presente em uma sala de aula. Assim, a escola poderá ser um espaço de inculcação dos valores dominantes, levando de modo sutil e eficaz à domesticação dos sujeitos aos interesses capitalistas. A negação das questões que envolvem o negro na escola poderá contribuir para a acentuação da exclusão social em outros espaços sociais.

Essa perspectiva ideologizante da escola vai de encontro às suas propostas de construção de um sujeito crítico e polido, capaz de modificar a ordem social. Nesse sentido, a escola poderá ser um meio de manutenção das desigualdades sociais pelo uso de métodos simbólicos e indiretos de coerção social. A desconstrução dessas estratégias de dominação pode ser de difícil acesso devido ao crédito atribuído à escola como detentora do saber e da verdade absoluta, tornando-se mais fácil a interiorização e consolidação dos valores que perpetuam as inferioridades sociais.

A PRODUÇÃO DA DIFERENÇA NA ESCOLA

O cotidiano escolar vai dando indícios do lugar do negro nesse espaço. Muitas crianças acabam resignando-se a esse não reconhecimento, a ponto de se avaliarem de maneira distorcida, considerando-se incapazes e inferiores, abandonando, ao menor sinal de dificuldade, o processo escolar. Conforme Narcimária Corrêa do Patrocínio (1989: 44), "a escola consegue dissimular muito bem a função que desempenha. Trata-se de uma escola montada, maquinada para confortar e fortalecer aqueles que se submetam à visão eurocêntrica do mundo".

Há uma possível dificuldade de inserção das crianças negras no espaço escolar, por se sentirem "excluídas" dele; uma exclusão simbólica, já que a criança tem acesso à matrícula e à sala de aula, mas não é aceita no contexto mais amplo. Essa rejeição vai se tornando perceptível na observação do cotidiano escolar, que apresenta imagens caricatas em cartazes, ou na ausência dos negros em datas comemorativas, em geral ilustradas por uma família branca, o que leva a criança negra a não se reconhecer. Existe ainda uma ausência de conteúdos que problematizem a questão do negro nos currículos escolares, privando as crianças negras de conhecerem a sua história, que vai além da escravidão.

Nesse sentido, a escola poderá "silenciar" as crianças negras, intensificando o sentimento de *coisificação* ou invisibilidade, que pode gerar uma angústia paralisante, de modo que seus talentos e habilidades se tornem comprometidos por não acreditarem nas suas potencialidades, ambicionando pouco nas suas atividades ocupacionais futuras. Mais adiante, essa experiência leva a criança a se questionar sobre o que é preciso para ser olhada, reconhecida. Nesse momento, poderá dar início ao processo de *embranquecimento* e autoexclusão de suas características individuais e étnicas.

O SILENCIAMENTO RACIAL NA ESCOLA

Entre outras situações que dificultam a continuidade dos estudos por parte dos estudantes negros está o próprio sistema educacional, que impõe maiores dificuldades aos alunos negros do que aos alunos brancos, na medida em que os conteúdos e as atividades escolares "edificam" uma sociedade branca e deixam de incluir conhecimentos da cultura negra e da realidade social em que vive o negro no Brasil.

Estamos desenvolvendo algumas pesquisas nessa linha. Uma delas foi realizada com grupos de alunos do Ensino Médio e teve como objetivo verificar de que forma estigmas e estereótipos se fixam na vida do negro. Para tal, foram analisadas novelas e desenhos infantis nos quais foi possível observar como se estrutura o mundo simbólico e de que forma as crianças negras brasileiras olham o mundo e são olhadas por ele. No universo investigado, incluiu-se também o sistema educacional.

Por meio de novelas e desenhos infantis, foi possível observar qual a compreensão tida pelos dois mundos: brancos/negros. Constatou-se que o branco foi representado como vinculado ao que é civilizado, urbano, bem apresentado, sorridente, enquanto o negro seria o inverso: meio rural, ligado ao trabalho físico, desprovido de dinheiro e de possibilidades. A imagem do negro é mutilada de atribuições positivas, representada pelos programas midiáticos no Brasil como um mundo triste, marcado pela violência e pela distância real e simbólica entre brancos e negros.

Cada população parece ter seus lugares bastante delimitados no imaginário coletivo, transbordando para o convívio social. Nessa perspectiva, um grupo de alunos analisou a reação de crianças negras em relação a cenas de discriminação em desenhos infantis. Constatou-se que algumas crianças mostraram-se hostis frente a essa postulação, demonstrando a sua indignação contra conteúdos discriminatórios. Mas, houve ainda as que se "adaptaram" ao discurso do opressor, percebendo-se como selvagens, sem humanidade, impossibilitados de protestar contra sua condição por se sentirem amordaçados pela internalização maciça dos padrões dominantes.

Um segundo grupo de alunos investigou como eram estabelecidas as relações entre negros e brancos em uma novela em uma rede de televisão com alto poder de influência. Foi constatado que os dois grupos se relacionavam de modo tenso, segregando, excluindo. O negro mantinha-se em uma postura introvertida, recusando-se em muitos momentos a participar das atividades sociais, ou seja, para não ser rejeitado ou ridicularizado, ele preferia calar sua voz e sua dor. Isso ilustra o quanto uma situação social pode silenciar os negros, reduzindo-os a um estado quase de mutismo e invisibilidade na sociedade, levando-os a profundo desconforto, intensificado pelo sentimento de não pertença.

Ainda um terceiro grupo de alunos entrevistou pessoas negras da comunidade para que falassem sobre suas vidas a fim de que pudessem elaborar uma biografia. A maioria delas, ao se referir à infância na escola, se autorreferiam de modo depreciativo, descrevendo-se a partir do discurso dos seus colegas: "feia, preta, fedorenta, cabelo duro". Não se sentiam "iguais" aos seus outros colegas que tinham um cabelo grande e liso.

Portanto, o negro, muitas vezes, pode incorporar esse discurso e sentir-se marginalizado, desvalorizado e excluído, sendo levado ao falso entendimento de que não é merecedor de respeito ou dignidade, julgando-se sem direitos e possibilidades. Esse sentimento está pautado pela mensagem, transmitida por diferentes discursos escolares e não escolares, de que para ser humanizado é preciso corresponder às expectativas do padrão dominante, ou seja, ser branco.

Esses estímulos de *branquitude* são em geral transmitidos pelo sistema social, incluindo a escola. Tal tipo de ação conduz não apenas à desvalorização do *eu*, mas também acarreta intensa angústia, porque a pessoa, em especial a criança, não consegue corresponder às expectativas. Assim, a identidade negra passou a ser lesada: ao se voltar para o seu próprio corpo, os negros encontram as marcas da exclusão, rejeição e, portanto, insatisfação e vergonha.

A população negra poderá acabar por negligenciar a sua tradição cultural em prol de uma postura de *embranquecimento* que lhe foi imposta como ideal de realização. Esse posicionamento é decorrente da internalização de que "embranquecer" seria o único meio de ter acesso ao respeito e à dignidade. Esse ideal de *embranquecimento* faz com que a pessoa deseje mudar tudo em seu corpo. No discurso de uma das crianças entrevistadas pelo segundo grupo de alunos, uma frase se destaca: "Eu queria dormir e acordar branca do cabelo liso". A fala dessa criança leva a supor que seria como acordar de um pesadelo, povoado de insatisfação, vergonha e rejeição. A criança não entende nem é entendida nesse sistema educacional, que parece reproduzir o padrão hegemônico, *estigmatizando* a criança negra como incapaz, rebelde.

CONSIDERAÇÕES FINAIS

Nesse sentido, o cotidiano escolar poderá revelar uma inclinação para corresponder ao padrão branco/europeu, negligenciando os valores referentes às matrizes africanas, podendo levar à acentuação do *estigma* de ser inferior. Essas ações preconceituosas conduzem a um processo de despersonalização dos caracteres africanos, o que dificulta e, em alguns casos, inviabiliza a inserção da criança no sentimento de pertença ao espaço escolar e social, comprometendo a sua autoestima, impossibilitando-a de ter um autoconhecimento individual ou cultural, pois esses dois níveis estão diretamente ligados a condições desvalorizadoras atribuídas pelo grupo dominante.

A reversão desse quadro só será possível pelo reconhecimento da escola como reprodutora das diferenças étnicas, investindo na busca de estratégias que atendam às necessidades específicas de alunos negros, incentivando-os e estimulando-os nos níveis cognitivo, cultural e físico. O processo educativo pode ser uma via de acesso ao resgate da autoestima, da autonomia e das imagens distorcidas, pois a escola é ponto de encontro e de embate das diferenças étnicas, podendo ser instrumento eficaz para diminuir e *prevenir* o processo de exclusão social e incorporação do preconceito pelas crianças negras.

Portanto, o espaço institucional poderá proporcionar discussões verticalizadas a respeito das diferenças presentes, favorecendo o reconhecimento e a valorização da contribuição africana, dando maior visibilidade aos seus conteúdos até então negados pela cultura dominante. Esse tipo de ação promoverá um conhecimento de si e do outro em prol da reconstrução das relações raciais, desgastadas pelas diferenças ou divergências étnicas.

REFERÊNCIAS

BERND, Zilá. *A questão da negritude*. São Paulo, Brasiliense, 1984.
DIAS, Maria Tereza Ramos. In: HASENBALG, Carlos. *A desigualdade social e oportunidade educacional a produção do fracasso*. Caderno de Pesquisa, Fundação Carlos Chagas, n. 63, nov. 1987.
LUZ, Marco Aurélio (org.). *Identidade negra e educação*. Salvador, Ianamá, 1989.
MUNANGA, Kabengele. *Negritude*; usos e sentidos. São Paulo, Ática, 1986.
_____ (org.). *Superando o racismo na escola*. 3. ed. Brasília, Ministério da Educação; Secretaria da Educação Fundamental, 2001.
NUNES, Margarete Fagundes (org.). *Diversidade e políticas afirmativas*; diálogos e intercursos. Novo Hamburgo, Feevale, 2005.
PATROCÍNIO, Narcimária Corrêa do. In: LUZ, Marco Aurélio (org.). *Identidade negra e educação*. Salvador, Ianamá, 1989.
PINTO, Regina Pahim. A educação do negro: uma revisão da bibliografia. *Cadernos de Pesquisa*. São Paulo, Fundação Carlos Chagas, n. 62, pp. 3-34, ago. 1987.
_____. Movimento negro e educação do negro: a ênfase na identidade. *Cadernos de Pesquisa*. São Paulo, Fundação Carlos Chagas, n. 86, pp. 25-38, ago. 1993.
SILVA, A. C. da. *Ideologia do embranquecimento*. In: LUZ, Marco Aurélio (org.). *Identidade negra e educação*. Salvador, Ianamá, 1989.

4. O educador frente às diversidades da contemporaneidade

Kátia de Conto Lopes*
Ronalisa Torman**

Temos hoje um grande desafio decorrente do contexto atual econômico-político-social que é a inserção dos sujeitos em uma sociedade globalizada, o que ganha uma dimensão e relevância cada vez mais complexas. Como o educador se vê inserido neste processo?

A partir do questionamento acima, é necessário realizar uma contextualização histórica para podermos melhor compreender as dificuldades encontradas pelo educador na escola contemporânea.

No início da década de 1980, observamos uma intensificação do processo de internacionalização das economias capitalistas que se convencionou chamar de *globalização*.[1] Algumas das características distintivas desse processo são a enorme integração dos mercados financeiros mundiais e um crescimento singular do comércio internacional. A globalização traz mudanças significativas às formas de organização do trabalho, obrigando todos a conviver com novas tendências,

---

* Graduada em Pedagogia, com habilitação em Orientação Educacional; pós-graduada em Psicopedagogia (Abordagem Clínica e Institucional) pela Universidade Feevale.
** Graduada em Psicologia e Psicopedagogia; mestre em Ciências Sociais Aplicadas pela Unisinos; professora e coordenadora do Núcleo de Atendimento e Extensão em Psicopedagogia (Naep) da Universidade Feevale.
[1] Processo típico da segunda metade do século XX que conduz à crescente integração das economias e das sociedades de vários países, especialmente no que toca à produção de mercadorias e serviços, aos mercados financeiros e à difusão de informações.

49

como competição, empregabilidade, precarização do trabalho e exclusão social.

Segundo Bader Sawaia (2004: 98):

> Perguntar por sofrimento e por felicidade no estudo da exclusão é superar a concepção de que a preocupação do pobre é unicamente a sobrevivência e que não tem justificativa trabalhar a emoção quando se passa fome. Epistemologicamente, significa colocar no centro das reflexões sobre exclusão a ideia de humanidade e como temática o sujeito e a maneira como se relaciona com o social (família, trabalho, lazer e sociedade), de forma que, ao falar de exclusão, fala-se de desejo, temporalidade e de afetividade, ao mesmo tempo que de poder, de economia e de direitos sociais.

A pós-modernidade nos leva a pensar nas diferentes formas e enfoques oferecidos sobre a temática exclusão social, bem como nas consequências psíquicas observadas e nas experiências desafiadoras para contornar essa situação. São várias as transformações que levaram ao surgimento da discussão sobre exclusão social e que afetam diversos aspectos da vida social – sejam eles culturais, econômicos, sociais, políticos e psicológicos. Não é de espantar que os vários conceitos de exclusão social sejam também multifacetados e pluridimensionais. Entre as várias transformações que são percebidas na atualidade, uma das mais relevantes é a dificuldade que o educador tem de entender o processo de exclusão social. Na escola contemporânea, é imprescindível que o educador faça esse enfrentamento e lide com as diferenças sociais colocadas em sua sala de aula.

Frente a essas considerações, é importante que a escola, que deve ser um espaço de construção de conhecimento formal e informal, reveja seus paradigmas. Esses desafios que estão postos, por esta nova realidade, propõem uma redefinição de modelo epistemológico supondo métodos, processos e concepções da esfera educativa e também na reorganização do sujeito e de sua relação cognitiva sobre o modo de ser (ser competente) e não mais sobre aquele de ter (uma qualificação) e ser consequentemente um sujeito excluído. Nossas sociedades são dominadas por uma contradição fundamental: como sociedades democráticas, afirmam a igualdade por essência de todos os sujeitos. Como sociedades capitalistas, não param de construir mercados que hierarquizam as competências e os méritos. Tal contradição parece cada vez menos superada. Na tentativa de explicar as diferentes desigualdades, Anne Marie Wautier destaca na obra de François Dubet[2] (2003: 17) as diferentes questões que ele norteia:

A centralidade do ator, seu sofrimento na tentativa de construir--se como sujeito; a tensão existente entre estruturas sociais e subjetividade, o sentimento decorrente de perda da autoestima, de derrota, de exclusão, cuja responsabilidade muitas vezes é imputada ao próprio ator; a análise da exclusão como indicador de transformação social; a preocupação com a reivindicação de reconhecimento do ator e de participação democrática em todos os níveis das estruturas onde se movimenta.

Como conciliar a igualdade de todos e o mérito de cada um? Presenciamos o surgimento de movimentos sociais que reivindicam o reconhecimento dos indivíduos – independentemente do seu mérito – e uma igualdade de princípios que se converte facilmente em culpa, em desprezo e em violência. De fato, sem renunciar à busca da igualdade, a dupla natureza de nossas sociedades exige que constituamos uma política de reconhecimento do sujeito. Segundo Dubet (2003: 51):

---

[2] François Dubet é doutor em Sociologia e tem dois vínculos acadêmicos principais: professor da Universidade de Bordeaux II e pesquisador do CNRS, na École des Hautes Études en Sciences Sociales (EHESS), onde é diretor de estudos e diretor adjunto do Centro de Análise e de Intervenção Sociológica (Cadis).

A contradição entre duas faces da igualdade (ou das desigualdades) nunca foi tão aguda. *O encontro entre a afirmação da igualdade dos indivíduos com as múltiplas desigualdades que fracionam as situações e as relações sociais nunca foi tão violenta e tão ameaçadora para o sujeito.* O pensamento liberal conservador denuncia muitas vezes esta paixão pela igualdade realçando o tema da frustração relativa: a inveja impõe-se como sentimento social elementar quando a menor desigualdade é insuportável, quando cada um quer afirmar-se como igual ou "mais igual", negando assim todas as diferenças naturais ou sociais, ameaçando a liberdade e gerando uma considerável ineficácia econômica.

É sabido que a escola, hoje, está passando por uma crise relacionada à socialização e ela tem enfrentado dificuldades na construção das normas e dos valores gerais da sociedade. Além disso, a escola regida pelo modelo tradicional, com o manejo de classe nas mãos exclusivamente do educador e os alunos em posição de obediência e subalternidade, perdeu-se no tempo. A sala de aula onde vigoram novos modelos de relações entre educadores e alunos, onde tudo pode ser passível de discussão, onde a hierarquia fica menos visível, onde os alunos têm o direito de opinar, é uma nova realidade. Esses novos modelos, com capacidade de maior elasticidade de tolerância, implicam novas definições de disciplina. Sobre o assunto escola, Dubet (2003: 55) comenta:

> Tudo muda na escola democrática de massa que tenta realizar, e não somente do ponto de vista "formal", as condições da igualdade de oportunidades numa competição aberta a todos. Os alunos não são mais selecionados na entrada e a montante no sistema, mas ao longo de seus estudos unicamente em função de seu desempenho. É claro, os sociólogos não ignoram que esta competição é socialmente determinada pelas desigualdades sociais, mas não impede que, do ponto de vista dos indivíduos,

seus fracassos dependam essencialmente de seu desempenho e de suas qualidades.

Na história da escola, sempre se observou a presença das relações de dominação e subordinação. Houve, entretanto, uma mudança na correlação entre as partes. Os alunos adquiriram maior espaço de atuação e de decisão, mais autonomia, fortalecendo-se. Na mesma proporção em que há mais igualdade, as situações de tensão se evidenciam, já que os alunos têm possibilidades de se exprimir. As tensões podem ser geradas nas relações de obediência às regras impostas ou no confronto com as diferenças culturais, sociais, econômicas e/ou geracionais. Nesse contexto, Dubet (2003: 60) assinala:

> Os alunos invalidam o jogo escolar agredindo os professores. Não somente a violência permite salvar sua dignidade, mas ela engrandece seu autor aos olhos de seu grupo de iguais. Podemos perguntar-nos, no entanto, por que esta violência não se transforma em conflito, por que ela não questiona os mecanismos estruturais das desigualdades escolares. Justamente, o recurso à violência explica-se por esta impossibilidade e pelo fato de que as adversidades da igualdade não passam de provações individuais numa sociedade ao mesmo tempo democrática e competitiva. No fundo, os alunos violentos saem deste jogo porque eles acreditam nele tanto quanto os outros, se não mais. Na violência, eles viram o jogo que os destrói, mas eles não propõem nenhum outro jogo, como o mostra a cultura da provocação que organiza sua vida e seu modo de consumo.

Em contrapartida, se nos ativermos apenas ao olhar do aluno, isso pode significar a isenção da responsabilidade de seus atos, já que não agem intencionalmente contra o outro, mas apenas buscam a emoção, o divertimento, as sensações diferentes ou o desvelamento de um jogo implícito.

A elasticidade da permissividade no tempo e no espaço torna as fronteiras da indisciplina maleáveis, frágeis e difíceis de serem definidas. É por isso que muitas vezes ela se confunde com a violência ou com a agressão. A mesma variabilidade de concepções encontrada para a indisciplina também é verificada para se conceituar o fenômeno da violência. Tal diversidade se justifica por dois motivos: primeiro porque o seu entendimento não é o mesmo nos diferentes períodos da humanidade e, segundo, porque cada pessoa interessada no tema pode se permitir compreendê-la conforme os seus valores e a sua ética. Dubet (2003: 60) contribui enfatizando que:

> Mesmo se este raciocínio não explica todas as violências e em toda parte, ele evidencia uma de suas dimensões, a do desejo de reconhecimento. Mas enquanto, na maioria dos casos, o reconhecimento se estriba no princípio da justiça e na afirmação de uma identidade social, este tipo de violência é a expressão de uma clara reivindicação de ser sujeito.

Etimologicamente, violência vem do latim *vis*, força, e significa todo ato de força contra a natureza de algum ser; de força contra a espontaneidade, a vontade e a liberdade de alguém; de violação da natureza de alguém ou de alguma coisa valorizada positivamente por uma sociedade; de transgressão contra aquelas leis e ações que alguém ou uma sociedade define como justas e como um direito; consequentemente, violência é um ato de brutalidade, sevícia e abuso físico e/ou psíquico contra alguém e caracteriza relações intersubjetivas e sociais definidas pela opressão, intimidação, pelo medo e pelo terror. Dubet (2003: 65) afirma:

> O tema do respeito introduz uma mudança fundamental na natureza dos princípios de justiça. A igualdade de todos é uma

norma universal, uma ficção, um postulado que não precisa ser fundamentado empiricamente: as raças, os sexos iguais, os seres humanos são iguais por princípio; a razão, após a alma cristã, é a coisa mais repartida do mundo. [...] Enquanto os princípios da igualdade e do mérito implicam um crescimento da argumentação baseada na generalidade, o princípio do reconhecimento implica uma "descida" para a especificidade, para as condições particulares de uma ação e de um projeto. Ele solicita a passagem de uma moral objetiva para uma moral da intenção sem que ele possa evidentemente reduzir-se a isto, já que os outros princípios não podem desaparecer.

A violência, na sua forma explícita de manifestação nas escolas, é combatida, criticada e controlada com punições. Entretanto, a violência mascarada passa impune, ou porque não é percebida como tal e é confundida com a indisciplina, ou porque é considerada pouco grave, isenta de consequências relevantes, ou, finalmente, porque não é vista.

A banalização da violência provoca a insensibilidade ao sofrimento, o desrespeito e a invasão do campo do outro. A ideologia dos tempos contemporâneos, que prega o individualismo exacerbado, que nega e até combate as iniciativas coletivas, faz com que o sujeito não enxergue o outro. O outro é o diferente, é o estranho, é o nada. O que tem valor é o *eu* e aqueles com os quais o *eu* se identifica. O outro não desperta a solidariedade, o respeito, o bem-querer, e pode, por qualquer motivo banal, ser destruído, eliminado, segregado e excluído. Segundo Wautier (2003: 175):

Resumindo, a sociedade, no mundo inteiro, parece ter perdido a bússola e as instituições tradicionais parecem não ser mais capazes de enquadrar novas demandas que traduzem uma ânsia de reconhecimento e de respeito de sua especificidade, seja na

Igreja, na família, na escola, nos partidos políticos, nas organizações de produção.

Se o que se deseja é uma política de educação com mais democracia, então é preciso repensar a escola, analisar o seu currículo e redirecionar as suas ações para que seja superada essa crise da socialização. O primeiro passo em direção a uma mudança de conduta no cotidiano é a conscientização de todos os envolvidos neste processo, e a compreensão dessas dificuldades da vida coletiva. Nesse sentido, seria importante estender a ênfase dos conceitos simplesmente pedagógicos até os (pré)conceitos que fomentam as práticas do cotidiano. Essa maior abrangência significa o transporte da vida do mundo relacional até o mundo pedagógico, ou seja, a inclusão, no currículo, da reflexão, da discussão e do entendimento de conceitos como identidade (cultural e social), alteridade, diferença, multiculturalismo, gênero, etnia, sexualidade, intolerância, preconceito, discriminação, violência, entre tantos outros. Sobre isso, Dubet (2003: 66) enfatiza:

> Fundamentalmente, o tema do reconhecimento das identidades surge necessariamente como o único modo de "síntese" e de conciliação possível das duas faces da igualdade ou da igualdade dos indivíduos e das desigualdades coletivas. Mas enquanto a igualdade e o mérito constituem princípios de justiça objetivos porque a intencionalidade dos atores está ausente, o reconhecimento supõe construir a justiça a partir dos sentimentos de justiça e das possibilidades de realização de si mesmo. O reconhecimento é bom quando aumenta a autonomia e as capacidades de ação do indivíduo, ele é ruim quando se opõe à igualdade de todos e à equidade das competições. Neste sentido, a universalidade das normas de justiça domina o desejo de reconhecimento que se esforça por tornar compatível ou suportável o que não o é no plano dos princípios objetivos.

O quadro da realidade social que encontramos hoje deixa claro os equívocos cometidos no passado, especialmente no que se refere ao papel dos sistemas educacionais na formação dos homens que construíram (e constroem) as nações modernas. O mundo de hoje se encontra, em sua grande maioria, mergulhado na violência, na desagregação social, na miséria e na dor, onde pessoas, psicologicamente infelizes,[3] vivem sob as tensões cada vez maiores da nova ordem política, econômica e social.

A escolarização compulsória e uniforme das massas, assim como a profissionalização "robotizada" do trabalhador (do sistema fordista de produção), fez da alienação uma preparação para a vida, separando a educação da realidade, o trabalho da criatividade e ambos da totalidade da vida do sujeito que aprende ou se profissionaliza. Assim, o paradigma funcionalista dominante no sistema educacional durante as décadas de 1960 e 1970 previa tão somente "formar mão de obra especializada requisitada por uma sociedade industrial avançada" (TROTTIER, 1998: 136), contribuindo, dessa forma, "para a igualdade das possibilidades" (1998: 139), ou seja, como forma de promover a inserção econômica e a inclusão social. Atualmente, o desafio que se impõe é pensar a formação de um novo homem capaz de apreender o mundo em que vivemos em condições de transformá-lo, e não somente de reproduzi-lo.

A preparação do sujeito, tanto para a vida como para o mercado de trabalho, desde sua iniciação no meio escolar, aponta, cada vez mais, para uma formação com base na obtenção de habilidades, atitudes, valores. Nota-se que a diferença entre as pessoas nestas últimas décadas não é mais de informação e sim de conhecimento. Traduzindo, seria a capacidade de transformar uma gama gigantesca de informa-

---

[3] Segundo Dubet (2003), o próprio indivíduo se percebe como responsável de sua própria infelicidade, se deixando invadir pela consciência infeliz.

ções em algo útil e aplicável. Saber exatamente o que fazer com tais informações é o grande diferencial. Diferencial este que será construído através da Educação.

Por educação, Gaudêncio Frigotto (1996: 25) considera que, quando apreendida no plano das relações sociais, ela mesma "é constituída e constituinte". Ao tratá-la num plano mais específico, Frigotto (1996: 26) salienta: "Tratam das relações entre a estrutura econômico-social, o processo de produção, as mudanças tecnológicas, o processo e divisão do trabalho, produção e reprodução da força de trabalho e os processos educativos ou de formação humana".

Negando a prática tradicional do que chama de *ensino bancário* (de simples exposição de conteúdos), Paulo Freire (1996) nos expõe sua ideia de ensino progressista-crítico e construtivista, que respeita e prioriza a construção dos saberes na interação entre o educador e o educando. Essa interação é o encontro da teoria com a prática, as quais, separadamente, não permitem a criação de novos saberes ou da cidadania. Para que haja um ensino democrático, é necessário que a capacidade crítica, a curiosidade e mesmo a insubmissão do educando sejam reforçadas pelo educador como forma de aproximação ao conhecimento. Essa metodologia não aceita a arrogância ou o determinismo de uma relação hierárquica de aprendizagem, na qual um é o sujeito e o outro o objeto, e aposta na interação entre o educando e o educador, em que ambos são sujeitos da construção de seus saberes. Sobre esse assunto, Freire assinala (1996: 59):

> Gosto de ser gente porque, inacabado, sei que sou um ser condicionado, mas consciente do inacabamento, sei que posso ir mais além dele. Esta é a diferença profunda entre o ser condicionado e o ser determinado. A diferença entre o inacabado que não se sabe como tal e o inacabado que histórica e socialmente alcançou a possibilidade de saber-se inacabado.

A ideia principal enfatiza a autonomia dos cidadãos com a apropriação do conhecimento da realidade, processo pelo qual sua liberdade e autodeterminação preenchem gradativamente o espaço do conhecimento. É importante deixar claro que o conceito de educação confunde-se com o de formação ainda hoje. Nesse sentido, o debate deve começar com a definição do conceito de formação e, para tanto, autores como Artilles & Lopes (1998: 187) afirmam que ela se constitui em "um processo de valorização social, que não só envolve conhecimentos técnicos, como também dimensões, atitudes e comportamentos inscritos em um currículo oculto".

A formação é compreendida também como "conhecimentos abstratos e técnicos e saberes adquiridos dentro e fora das experiências do trabalho, assim como as formas de comportamento e de *know-how* adquiridos em outras esferas sociais" (1998: 186).

A respeito da função social da formação, Lopes & Artilles (1998: 187) distinguem três posições diversas. A saber:

1. Em primeiro lugar, enfoca o capital humano, apresentando que a educação pode jogar um papel importante no desenvolvimento econômico e, por conseguinte, desde as instituições.
2. A formação propiciada pelos sistemas educativos tem como finalidade a transmissão de valores, de cultura, de hábitos, de hierarquias, de formas de comportamentos e de desigualdades sociais.
3. Que a autonomia do sistema educativo de caráter multifuncional da educação explica a sua própria expansão e tem como consequência distintos conflitos entre os diversos grupos sociais.

Esses autores destacam as relações da educação e do sistema educativo com as desigualdades sociais no sistema

59

capitalista, questionando se a "formação" é um patrimônio exclusivo desse sistema formal, acreditando que é, sim, produto de um processo contínuo e múltiplo de aprendizagem a partir das relações sociais.

Sobre essas relações, bem como sobre a participação dos agentes e a consolidação de sua identidade, Julieta Beatriz Ramos Desaulniers (1997: 184) redefine o conceito de formação:

> [...] abrange igualmente várias outras categorias referentes à vida social como aprendizagem, aperfeiçoamento, promoção social, formação profissional, [...], educação de adultos, formação contínua, educação permanente, educação popular. [...] inclui também fatos e atividades que envolvem o conjunto da vida, da totalidade das relações humanas.

Considerando-se que a formação geral e abrangente pode permitir o enfrentamento das diferentes tecnologias e possibilidades de trabalho em um contexto de rotatividade de empregos e ameaça de desemprego, Lucie Tanguy (1997) afirma que dar conta da literatura que tem por objetivo o domínio de pesquisas designado com a etiqueta "formação-emprego" é uma tarefa embaraçosa. O termo se apresenta como uma constelação de objetos de pesquisa de contornos instáveis e fortemente fixados nos problemas sociais.

Assim, segundo a autora (1997: 390),

> A defasagem entre a oferta e a demanda de emprego torna-se penalizadora para os operários e os empregados, para as mulheres e, particularmente, para todos aqueles cujo nível de formação, levada em conta a translação geral para cima e a concorrência que ela provoca, é considerado insuficiente.

Pode-se considerar que há um deslocamento de enunciado dos objetivos de uma política educativa da ordem escolar para a ordem de qualificações, que equaciona ensino, formação e qualificação. Essa é a equação que oculta o fato de que a qualificação não é uma propriedade conferida pelo sistema educativo aos indivíduos, mas uma relação social que combina vários parâmetros e que é determinada pelo mercado de trabalho. As semelhanças de mudanças ligadas ao uso do termo competências na esfera educativa e na esfera do trabalho não podem ser analisadas dentro de um mesmo esquema de inteligibilidade, que negaria suas especificidades respectivas. E, nessa perspectiva, "os modos (ou sistemas) de formação, por conseguinte, só podem ser comparados se relacionados com os espaços sociais que lhes dão sentido: a organização do trabalho, as relações profissionais, a mobilidade social" (TANGUY, 1997: 402). Sem dúvida, as atividades de formação ocupam um amplo espaço nas sociedades desenvolvidas e se desenvolvem correlativamente à reestruturação do emprego, às mudanças de organização do trabalho, mas também em resposta a problemas de coesão social.

Fica evidenciado que o processo formativo do ser não depende somente dos sistemas de aprendizagem aos quais ele se volta para se enriquecer, mas também dos mais variados fatores que cercam a história de vida de cada um. É nesse conjunto infinito de variáveis sociais e sistêmicas que se desenvolve a formação humana.

A concepção de formação tem seu significado alterado pelas emergentes exigências de um mercado globalizado marcado, principalmente, pelos avanços tecnológicos. Reiterando, a formação integral, hoje necessária, extrapola o espaço da educação formal e considera muitos outros espaços da vida social, em termos de convívio, percepções, sensações e vivências na construção do cotidiano. Nesse sentido, Lea da Cruz Fagundes (1997: 321) complementa:

[...] o domínio ou, pelo menos, a possibilidade de desenvolver uma compreensão sobre caminhos que estão sendo percorridos pelas ações humanas na direção de simplificar processos, de condensar processos e de transmitir e estocar informação, deveria se fazer acessível a todos [...] devendo buscar e/ou estar pronto para receber formação. Precisamos, [...] abrir nossas portas para um universo novo, para uma formação renovada, como também trazer para a educação profissionais que tenham um outro tipo de informação e que possam trazer a sua contribuição, mas no sentido de podermos conviver com essa lógica que se instala, justamente para trazê-la a nosso serviço e não nos sujeitarmos a ela por desconhecimento [...]. Somente dessa maneira estaremos propiciando ambientes de aprendizagem contextualizados a partir do exercício pleno da cidadania.

A passagem é bastante significativa, pois se trata do chamado a uma formação renovada, com novas dimensões. Tal processo estimula habilidades, experiências próprias e capacidades práticas, entre outros fenômenos. Boaventura de Souza Santos (2001: 196) aborda uma transformação na relação educação-trabalho, identificada nos dias de hoje, ao relatar que:

> [...] a educação, que fora inicialmente transmissão da cultura, formação do caráter, modo de aculturação e de socialização adequado ao desempenho da direção da sociedade, passou a ser também educação para o trabalho, ensino de conhecimentos utilitários, de aptidões técnicas especializadas capazes de responder aos desafios do desenvolvimento tecnológico no espaço da produção. [...] o trabalho, que fora inicialmente desempenho de força física no manuseio dos meios de produção, passou a ser também trabalho intelectual, qualificado, produto de uma formação [...] mais ou menos prolongada.

A partir desse relato, é possível afirmar que hoje os processos de educação e de profissionalização caminham juntos. Para alguns autores, até, perante as demandas do mercado, não há como desenvolver a educação-trabalho de forma separada. Santos (2001: 196) confirma essa ideia, explicando que "a formação e o desempenho profissional tendem a fundirem-se num só processo produtivo, sendo disso sintoma as exigências da educação permanente, da reciclagem, da reconversão profissional". Seguindo essa linha de pensamento, Edgar Morin (2001: 21) afirma que:

> [...] mais vale uma cabeça benfeita que bem cheia. O significado de "uma cabeça bem cheia" é óbvio: é uma cabeça onde o saber é acumulado, empilhado, e não dispõe de um princípio de seleção e organização que lhe dê sentido. "Uma cabeça benfeita" significa que, em vez de acumular o saber é mais importante dispor ao mesmo tempo de: uma aptidão geral para colocar e tratar problemas; princípios organizadores que permitam ligar os saberes e lhes dar sentido.

A partir dessa concepção, é possível observar a complexidade do desenvolvimento do conhecimento, na qual o ser humano necessita de discernimento suficiente para não se limitar ao aprendizado, mas para saber aplicá-lo, questionar o desconhecido, não se conformar, mas sim buscar novos caminhos. Para confirmar essa ideia, Pedro Demo (2000: 31) relata que:

> Conhecimento que apenas afirma só confirma. Nada agrega de novo. [...] a força inovadora sempre foi, acima de tudo, conhecimento crítico: a parte da espécie que sabe construir conhecimento próprio [...]. Conhecer é profundamente saber confrontar-se, não aceitar qualquer limite, tudo pretender para além do que está dado na evolução [...].

E Izabel Cristina Petraglia (1995: 50) explica que "o pensamento complexo é o responsável pela ampliação do saber.

Se o pensamento for fragmentado, reducionista e mutilador, as ações terão o mesmo rumo, tornando o conhecimento cada vez mais simplista e simplificador". A autora menciona também que o pensamento não é estático, mas, pelo contrário, indica movimento; e é esse ir e vir que permite a criação e com ela a elaboração do conhecimento como processo de formação.

Para Demo (2000: 27), "A política social mais decisiva no futuro será 'política social do conhecimento', através da qual se pretende, principalmente pela via de aprendizagem reconstrutiva permanente, estabelecer rota contínua de gestação das oportunidades, conjugando necessariamente etc.".

O conhecimento e a formação do indivíduo, atualmente, envolvem conceitos reveladores que passam por uma transformação nas concepções ensino-aprendizagem. O sujeito-aluno deixou de ser apenas um receptor; hoje, ele interage, cria e desenvolve conceitos ao posicionar-se perante as propostas dessa aprendizagem.

A esse respeito, o pensamento de Freire (2001: 20) é essencial:

A educação é permanente não porque certa linha ideológica ou certa posição política ou certo interesse econômico o exijam. A educação é permanente na razão, de um lado, da finitude do ser humano, de outro, da consciência que ele tem de sua finitude. Mais ainda, pelo fato de, ao longo da história, ter incorporado à sua natureza não apenas saber que vivia, mas saber que sabia e assim, saber que podia saber mais. A educação e a formação permanente se fundem aí.

O Relatório para a Unesco da Comissão Internacional sobre Educação para o século XXI aponta que "o conceito de educação ao longo de toda a vida aparece, pois, como uma das chaves de acesso ao século XXI" (DELORS, 2001: 19). E afirma ainda que (2001: 103):

[...] a própria educação está em plena mutação: as possibilidades de aprender oferecidas pela sociedade exterior à escola multiplicam-se, em todos os domínios, enquanto a noção de qualificação, no sentido tradicional, é substituída, em muitos setores modernos de atividade, pelas noções de competência evolutiva e capacidade de adaptação.

Para Morin (2002: 31) "o conhecimento do conhecimento, que comporta a integração do conhecedor em seu conhecimento, deve ser, para a educação, um princípio e uma necessidade permanentes". Dessa forma, torna-se evidente que cada indivíduo seja capaz de desenvolver sua própria formação a partir das oportunidades de aprendizagem e aperfeiçoamento que lhe são apresentadas. Todo ser tem a necessidade de desenvolver-se no meio em que vive e isso o move em busca de suas aspirações.

Morin (2001: 33), em outra obra sua, ainda explica que "a educação para uma cabeça benfeita [...] daria capacidade para se responder aos formidáveis desafios da globalidade e da complexidade na vida cotidiana, social, política, nacional e mundial".

É importante que se perceba que os indivíduos não mais aceitam apenas a transmissão de conhecimentos, mas buscam construí-los de forma a relacionar e aplicar o aprendizado às situações vivenciadas, visto que "o processo de aprendizagem nunca está acabado e pode enriquecer-se com qualquer experiência. Nesse sentido, liga-se cada vez mais à experiência do trabalho, à medida que este se torna menos rotineiro" (DELORS, 2001: 92).

"O dever principal da educação é de armar cada um para o combate vital para a lucidez" (MORIN, 2002: 33). É despertar o espírito investigador e curioso de cada um, para que a busca pelo desenvolvimento do ser seja uma prática estimulante e contínua.

Delors (2001: 81-82) afirma que "o desenvolvimento humano é um processo que visa ampliar as possibilidades oferecidas às pessoas e, ainda, que um dos principais papéis reservados à educação consiste, antes de mais nada, em dotar a humanidade da capacidade de dominar o seu próprio desenvolvimento".

Esse pensamento pode ser confirmado através de conceitos da abordagem sociocultural apresentados por Maria da Graça Mizukami (1986: 90-91), quando define o homem como sujeito elaborador e criador do conhecimento:

> O homem se constrói e chega a ser sujeito na medida em que, integrado em seu contexto, reflete sobre ele e com ele se compromete, tomando consciência de sua historicidade. O homem é desafiado constantemente pela realidade e a cada um desses desafios deve responder de uma maneira original.

Mizukami (1986: 91) ainda afirma que:

> A elaboração e o desenvolvimento do conhecimento estão ligados ao processo de conscientização. O conhecimento é elaborado e criado a partir do mútuo condicionamento, pensamento e prática. [...] O processo de conscientização é sempre inacabado, contínuo e progressivo, é uma aproximação crítica da realidade que vai desde as formas de consciência mais primitivas até a mais crítica e problematizadora e, consequentemente, criadora.

Em relação a essas afirmações, é possível complementar com o pensamento de Petraglia (1995), ao afirmar a necessidade e urgência de um modo de pensamento que seja complexo, em todas as sociedades e nas diversas áreas do saber, para que se compreenda que os limites e as insuficiências de um pensamento simplificador não exprimem as ideias de unidade e diversidade presente no todo. É algo que deve ser alimentado frequentemente, que proporciona um interesse maior a cada passo dado em busca da formação contínua.

Para Pierre Dandurand (1993: 385):

> [...] hoje o conhecimento, como ciência e tecnologia, tomou um lugar consideravelmente enorme nas nossas sociedades. Os fatores que trazem as capacidades de produção, de difusão e de apropriação dos conhecimentos e dos saberes se tornaram centrais tanto para os indivíduos como para os grupos de toda natureza.

E um motivo de reflexão apontado por Delors (2001: 224) é que:

> O novo século é, em essência, sinônimo de horizonte de nova esperança. Uma esperança que, por ser eminentemente humana e humanizadora, elege a prioridade educativa como sua aliada incontornável na edificação de uma nova ordem social onde todos contam e cada um possa ser capacitado para participar ativamente num processo de desenvolvimento que, para o ser, recupera a centralidade da pessoa na sua mais plena e inviolável dignidade.

Nesse sentido, pode-se compreender que a categoria "formação" inclui dimensões tais como: a valorização social, a capacidade de articular informações, percepções e conhecimentos necessários à sistematização das atividades, o desenvolvimento de habilidades que envolvam as várias dimensões dos sujeitos, com ênfase em sua capacidade crítica e atuação autônoma, os comportamentos oriundos da participação nos espaços de convívio, que constituem as experiências pessoais.

REFERÊNCIAS

ARTILES, Martin & LOPES, Andreu. Las relaciones entre formación y empleo: que formación, para que empleo? In: DESAULNIERS,

Julieta Beatriz Ramos (org.). *Trabalho & formação & competência*; questões atuais. Porto Alegre, PUC, 1998.
BASSO, Marcus Vinicius de Azevedo & FAGUNDES, Lea da Cruz. Informática educativa e comunidades de aprendizagem. In: AZEVEDO, José Clóvis de (org.). *Identidade social e construção do conhecimento*. Porto Alegre, SMED; PMPA, 1997.
DANDURAND, Pierre & OLIVIER, Émile. Centralidade dos saberes e educação; em direção a novas problemáticas. *Educação & Sociedade*. Porto Alegre, n. 46, pp. 380-405, dez. 1993.
DELORS, Jacques et al. *Educação: um tesouro a descobrir*. 5. ed. São Paulo, Cortez/Brasília, MEC; Unesco, 2001.
DEMO, Pedro. *Educação e conhecimento*; relação necessária, insuficiente e controversa. Petrópolis, Vozes, 2000.
DESAULNIERS, Julieta B. Ramos. Formação e pesquisa: condições e resultados. *Veritas*. Porto Alegre, v. 42, n. 2, PUC, pp. 183-204, jun. 1997.
DUBET, François. *As desigualdades multiplicadas*. Ijuí, Unijuí, 2003.
FREIRE, Paulo. *Pedagogia da autonomia*; saberes necessários à prática educativa. São Paulo, Paz e Terra, 1996.
_____. *Política e educação*. 6. ed. São Paulo, Cortez, 2001.
FRIGOTTO, Gaudêncio. *Educação e a crise do capitalismo real*. 2. ed. São Paulo, Cortez, 1996.
MIZUKAMI, Maria da Graça. *Ensino: as abordagens do processo*. São Paulo, EPU, 1986.
MORIN, Edgar. *A cabeça benfeita*; repensar a reforma, reformar o pensamento. 4. ed. Rio de Janeiro, Bertrand Brasil, 2001.
_____. *Os sete saberes necessários à educação do futuro*. Trad. de Catarina Eleonora da Silva & Jeanne Sawaya. 8. ed. São Paulo, Cortez/Brasília, Unesco, 2002.
PETRAGLIA, Izabel Cristina. *Edgar Morin: a educação e a complexidade do ser e do saber*. Petrópolis, Vozes, 1995.
SANTOS, Boaventura de Souza. *A crítica da razão indolente*. São Paulo, Cortez, 2001.
SAWAIA, Bader. O sofrimento ético-político como categoria de análise da dialética exclusão/inclusão. In: SAWAIA, Bader (org.). *As artimanhas da exclusão*; análise psicossocial e ética da desigualdade social. 5. ed. Petrópolis, Vozes, 2004.

TANGUY, Lucie. Formação: uma atividade em vias de definição? *Veritas*. Porto Alegre, PUC, v. 42, n. 2, pp. 385-410, jun. 1997.

TROTTIER, Claude. Emergência e construção do campo de pesquisa sobre a inserção profissional. In: DESAULNIERS, Julieta B. R. (org.) *Formação & Trabalho & Competência*. Porto Alegre, EDIPUCRS, 1998.

WAUTIER, Anne Marie. Para uma sociologia da experiência. Uma leitura contemporânea: François Dubet. *Sociologias*. Porto Alegre, UFRGS; PPGS, ano 5, n. 9, pp. 174-214, jan./jun. 2003.

5. Processo educativo-religioso: histórias "em jogo" e novos olhares "em formação"

Remí Klein*

> [...] é impossível ensinarmos conteúdos sem saber como pensam os alunos no seu contexto real, na sua cotidianidade. Sem saber o que eles pensam independentemente da escola para que os ajudemos a saber melhor o que já sabem, de um lado, e, de outro, a partir daí, ensinar-lhes o que ainda não sabem.
>
> Paulo Freire. *Professora sim, tia não.*

Nessas palavras de Paulo Freire evidencia-se quão importante, no processo educativo-religioso, bem como no processo educativo em geral, é partir do conhecimento prévio de nossos educandos, sejam eles estudantes crianças e jovens ou docentes em sua formação inicial e continuada. Com esse pressuposto e princípio pedagógico trago, a seguir, uma amostra de uma pesquisa de campo vinculada ao meu projeto de doutorado em Teologia, na área de Concentração em Religião e Educação, desenvolvido no Instituto Ecumênico de Pós-Graduação da Escola Superior de Teologia (EST), em São Leopoldo (RS).

Realizei a pesquisa de campo entre 2000 e 2004, em estreita vinculação com minha docência e voltada à formação docente, a partir da disciplina de Metodologia do Ensino: Ensino Religioso, no curso de licenciatura em Pedagogia da

---

* Doutor em Teologia (área de Religião e Educação); professor da Faculdades EST e da Unisinos.

Universidade do Vale do Rio dos Sinos (Unisinos) e no curso de bacharelado em Teologia da EST. Como metodologias de pesquisa, utilizei um jogo, *Minha história – tua história*, e o resgate de memoriais descritivo-analíticos. Tais metodologias de pesquisa participante possibilitaram aos estudantes em sua formação docente pensarem sobre o seu próprio processo educativo-religioso como crianças e jovens, enquanto educandos, para, a partir daí, melhor se assumirem e se prepararem como educadores que estão sendo hoje ou que serão um dia, com vistas, em especial, à sua atuação docente no ensino religioso.

Como referenciais teóricos para minha pesquisa de campo apoiei-me especialmente na etnografia e na cartografia.[1] Tomei a liberdade de fazer um jogo de palavras entre etnografia e cartografia e, no intuito de aproximá-las e de integrá-las em minha proposta de pesquisa, criei o termo "etnocartografia". A tese, defendida em 2004, ficou assim intitulada: *Histórias em jogo; rememorando e ressignificando o processo educativo--religioso sob um olhar etnocartográfico*.

HISTÓRIAS "EM JOGO"

Para introduzir o jogo *Minha história – tua história* e o memorial descritivo-analítico com os estudantes, sob um olhar etnocartográfico, contei-lhes uma história infantil de Mem Fox, intitulada *Guilherme Augusto Araújo Fernandes*. Trata-se de um menino com esse nome que morava ao lado de um asilo de velhos e que gostava de ouvir as histórias que lhe contavam as pessoas idosas que ali viviam. Ficou intrigado ao ouvir de seus pais, certo dia, que dona Antônia Maria

---

[1] Sobre etnografia, cf. ANDRÉ, Marli Eliza Dalmazo Afonso de. *Etnografia da prática escolar*. 4. ed. Campinas, Papirus, 1995; sobre cartografia, cf. ROLNIK, Suely. *Cartografia sentimental*; transformações contemporâneas do desejo. São Paulo, Estação Liberdade, 1989.

Diniz Cordeiro perdera a memória. Era a pessoa de quem ele mais gostava porque ela também tinha quatro nomes, como ele. Passou então a procurar memórias para dona Antônia e, a cada objeto que lhe levava, ela passava a se recordar de fatos acontecidos em sua vida. O livro se encerra assim (FOX, 1995): "Os dois sorriram e sorriram, pois toda a memória perdida de dona Antônia tinha sido encontrada por um menino que não era tão velho assim".

Renate Gierus (2004: 50), num artigo intitulado "CorpOralidade – história oral e corpo", menciona essa mesma história ao falar sobre o poder da memória na historiografia feminista, destacando dois termos: a "reconstrução" e o "empoderamento", que são aspectos igualmente fundamentais na formação docente voltada ao processo educativo-religioso:

> Dona Antônia estava reconstruindo seu passado, lembrando vários momentos de sua vida. Assim também o menino Guilherme Augusto: ao escolher o que levaria para dona Antônia, também ele foi reconstruindo a sua vida. E dona Antônia empodera-se. Ela participa do poder da vida, e suas potencialidades vêm à tona. As suas memórias foram novamente encontradas.

O resgate de nossas memórias, o seu registro e a reflexão sobre elas constituem a nossa identidade pessoal e também profissional (docente), como vemos nas palavras de Madalena Freire Weffort (1996: 9):

> Todas estas lembranças quando resgatadas, socializadas entre outras e, assim, apropriadas, ganham *status* de memória. Memória que alicerça a consciência histórica, política e pedagógica desse sujeito.
> O desafio é formar, informando e resgatando num processo de acompanhamento permanente, um educador que teça seu fio para apropriação de sua história, pensamento, teoria e prática.

Falo, nesse sentido, em *histórias "em jogo"* e em *novos olhares "em formação"*, a fim de repensarmos o nosso processo de formação docente em estreita vinculação entre o ensino e a pesquisa, num confronto entre a teoria e a prática, tanto na formação inicial como na formação continuada, como vemos no testemunho de vida do educador Paulo Freire (1991: 58): "A gente se forma como educador, permanentemente, na prática e na reflexão sobre a prática".

Vejamos, a seguir, alguns extratos de memoriais que evidenciam o quanto essa experiência foi significativa para os estudantes em seu processo de formação docente:

> O memorial nos permite regressar, voltar no passado, relembrar fatos que nos marcaram profundamente. É bom reviver os bons momentos e essa atividade nos induz a isso: a procurar nossas raízes religiosas, como foram construídas, quem contribuiu nessa caminhada. Acabou por envolver conversas e lembranças junto à família, o que é de extrema importância, já que os tempos atuais não nos permitem mais essa oportunidade.
>
> A partir do memorial podemos resgatar fatos que realmente marcaram a nossa vida e que muito raramente relembramos. Para mim foi muito significativo fazer este trabalho porque pude expressar meus sentimentos, acima de tudo, pois hoje em dia só fazemos trabalhos cheios de teoria que muitas vezes não nos acrescentam em nada.
>
> Foi de extrema importância o memorial religioso, pois fez com que eu repensasse meu processo educativo-religioso, para poder então pensar no processo educativo-religioso do próximo, tanto no que diz respeito à educação escolar, bem como no âmbito familiar hoje, comparado a alguns anos atrás (*MEMORIAL*, 2004).
>
> Esta memória possibilitou-me refletir e analisar o processo educativo-religioso de minha trajetória até hoje. Foi um momento de novos questionamentos e algumas certezas. [...] A análise de

minha história de vida à luz da teoria, através das leituras realizadas, fez com que construísse conhecimentos sobre a educação religiosa das crianças. Essa aprendizagem significativa embasará teoricamente o meu trabalho com os alunos que antes ficava sob o olhar do empirismo (*MEMORIAL*, 2002).

Através deste processo de reflexão acerca do meu processo educativo religioso e do processo individual de cada componente do grupo, no jogo de integração, foi possível observar que cada um de nós possui um processo religioso próprio, com significados marcantes particulares.

Em certos momentos nossas histórias eram as mesmas, porém, ao refletirmos sobre elas, descobrimos que para cada um de nós elas eram significativas por motivos diferentes e que por isso se tratava de histórias particulares de nossos processos religiosos.

É partindo desta ideia que precisamos estar também atentos em nossas escolas para que, enquanto educadores, possamos compreender e fazer com que nossos alunos percebam que cada um de nós possui sua história, seu processo religioso particular, que deve ser ouvido e respeitado por todos. Independente da religião que possuímos, deve haver entre nós uma atitude de respeito para com todos, de aceitação do outro, do diferente, mesmo que pensemos e entendamos Deus de maneiras diferentes (*MEMORIAL*, 2003).

De modo geral, percebe-se que essa proposta de pesquisa etnocartográfica vinculada à docência foi uma vivência significativa para os estudantes, resgatando, por meio do jogo e do memorial, as suas *histórias "em jogo"*, repensando, assim, a sua própria história de vida e, em especial, o seu próprio processo educativo-religioso, bem como integrando o ensino acadêmico e a pesquisa de campo, a teoria e a prática, sob um olhar etnocartográfico, com vistas à sua formação docente. Trata-se, pois, de *um entrejogo de memórias na formação docente*. Nesse sentido, recorro novamente a Paulo Freire

(1993: 102), para evidenciar o quanto essa experiência pode gerar *novos olhares em "formação"*:

> Entre nós a *prática* no mundo, na medida em que começamos não só a saber que *vivíamos* mas o [sic] *saber* que *sabíamos* e que, portanto, podíamos saber mais, iniciou o processo de gerar o *saber* da própria prática. [...] Foi a prática que fundou a fala sobre ela e a consciência dela, prática.

São *histórias "em jogo"* que nos constituem como pessoas e como educadores. Nesse sentido, transcrevo mais um extrato de um memorial de uma estudante com suas reflexões sobre a formação docente:

> Somos pessoas diferentes e vivemos de formas diferentes. Possuímos diferentes religiões e crenças e aprendemos em nossas vidas diferentes saberes e formas de conviver com o nosso próximo.
> Nascemos com uma bagagem muito rica, que se complementa no decorrer de nossa existência, graças à colaboração de pessoas importantes que sempre estão perto de nós.
> Em uma de nossas primeiras aulas desta disciplina, percebemos que somente poderemos esclarecer dúvidas e incentivar o processo educativo-religioso, quando tivermos o nosso próprio processo de vida esclarecido.
> Foi pensando nestas questões que comecei a refletir sobre as influências que fizeram parte deste meu crescimento pessoal. Muitos destes fatores foram fundamentais para este meu crescimento. Cito aqueles que acredito que foram os mais importantes na minha história.
> [...] Muitos foram os caminhos e muitas foram as minhas aprendizagens até aqui. Acredito que todos os dias aprendemos e compreendemos um pouco melhor as coisas que nos cercam, quando acreditamos e confiamos em Deus.

Devemos conhecer nossa própria história de vida para conseguir compreender o processo que nossos alunos estão vivendo.

Refletindo um pouco mais sobre estes fatos marcantes, percebo como foram importantes o apoio e os ensinamentos que recebi durante todas as etapas de minha vida. Acredito que podemos fazer muito por nossos alunos. Devemos também resgatar com eles suas próprias histórias e, a partir disto, trabalhar seus medos, angústias e também alegrias. Devemos fazer de nossas aulas momentos prazerosos de resgate do passado e de troca com o outro. É importante proporcionar também a nossos alunos momentos de troca de experiências e de crescimento com o grande grupo. Precisamos dar início a este trabalho, dar o primeiro passo... Talvez, mais tarde, nós seremos as pessoas marcantes que fizeram parte da história de muitos alunos que frequentaram e frequentarão as nossas salas de aula (*MEMORIAL*, 2004).

A partir desse enfoque sobre *histórias "em jogo"* com vistas a exercitar *novos olhares "em formação"*, no processo educativo--religioso, reproduzo ainda uma palavra de Rubem Alves (1995a: 33-34) sobre a formação docente: "Não sei como preparar o educador. Talvez porque isto não seja nem necessário, nem possível... É necessário acordá-lo. [...] Basta que os chamemos do seu sono, por um ato de amor e coragem. E, talvez, acordados, repetirão o milagre da instauração de novos mundos".

NOVOS OLHARES "EM FORMAÇÃO"

> A verdade da infância não está no que dizemos dela, mas no que ela nos diz no próprio acontecimento de sua aparição entre nós, como algo novo. E, além disso, tendo-se em conta que, ainda que a infância nos mostre uma face visível, conserva também um tesouro oculto de sentido, o que faz com que jamais possamos esgotá-la.
>
> Jorge Larrosa, *Pedagogia profana*.

Iniciando esta parte sobre *novos olhares "em formação"* com uma epígrafe de Jorge Larrosa, quero expressar a perspectiva com que desenvolvi minha pesquisa e a elaboração da minha tese, no sentido de aproximar-me, por meio da narração de histórias marcantes, da perspectiva das próprias crianças, para, assim, rememorar e ressignificar o seu processo educativo-religioso, ciente de que esse olhar não basta ser acadêmico e pedagógico, mas precisa apreender e captar o cotidiano e o invisível, ou seja, ser etnocartográfico. O conhecimento torna-se, assim, autobiográfico e existencial. Falo, por isso, nesta parte, em *novos olhares "em formação"*, num duplo sentido: de exercitar um novo olhar educativo a partir da perspectiva das próprias crianças e de integrar o ensino com a pesquisa, a partir das *histórias "em jogo"*, no seu processo educativo-religioso. Nesse sentido, Maria Isabel da Cunha (1998: 39) refere-se ao trabalho com narrativas no ensino e na pesquisa, ao afirmar:

> Trabalhar com narrativas na *pesquisa* e/ou no *ensino* é partir para a desconstrução/construção das próprias experiências, tanto do professor/pesquisador como dos sujeitos da pesquisa e/ou do ensino. Exige que a relação dialógica se instale criando uma cumplicidade de dupla descoberta. Ao mesmo tempo em que se descobre no outro, os fenômenos revelam-se em nós.

Em minha pesquisa de campo associada à docência, a partir da vivência do jogo com crianças e com estudantes em sua formação docente e da posterior elaboração dos memoriais descritivo-analíticos sobre o seu processo educativo-religioso, tive muitos depoimentos nesse sentido apontado por Maria Isabel da Cunha (1998: 37ss) quanto às "narrativas como explicitadoras e como produtoras de conhecimento", como se evidencia nos extratos dos seguintes memoriais referentes ao jogo *Minha história – tua história*, com vistas ao processo educativo-religioso das crianças:

O jogo proporciona uma interação dos participantes, permitindo conhecer o outro e autoconhecer-se também, já que é preciso lembrar e refletir sobre o que, por que e quais histórias bíblicas foram marcantes em sua vida. [...]
A falta de conhecimento sobre as possibilidades e fases de desenvolvimento da criança pode trazer consequências sérias e, através de um jogo, de uma brincadeira, é possível descobrir aspectos que podem ajudar as crianças a vencerem suas dificuldades e a crescerem também na fé (*MEMORIAL*, 2002; pesquisa feita com crianças de 6 a 10 anos).

Este tipo de atividade pode ser usado em sala de aula ou com demais grupos de pessoas, servindo principalmente para integração, exposição dos conhecimentos de cada um, acrescentando ao grande grupo ideias, opiniões e curiosidades antes desconsideradas. Quando é aplicado com crianças, serve também para verificar seu grau de conhecimento sobre determinado assunto, mas não como avaliação e sim como sondagem, para poder aprofundar o assunto a partir do que o grupo já conhece.

O nome do jogo já diz como ele funciona. Os componentes do grupo, após terem mentalizado o que foi pedido e terem colocado isso no papel, explicam o que desenharam e o porquê, passando para os demais componentes sua história com o significado pessoal que esta lhe traz. Após cada integrante do grupo ter contado sua história, eles concluem o que mais foi comentado, o que mais lhes chamou a atenção, expondo-o para o grande grupo. Isto explica então o nome do jogo: "eu conto minha história e ouço a história do meu colega".

Portanto, a aplicação deste jogo é muito interessante, pois, além de aproximar os colegas, expondo suas histórias, faz com que eles aprendam um com o outro, olhem o assunto-foco do jogo de uma maneira diferente, considerando as ideias e dúvidas dos outros e não só a sua, passando a ter uma visão mais ampla do que está sendo tratado.

[...] consideramos este trabalho um exemplo para todos os professores de Ensino Religioso, em qualquer série e idade, pois é a melhor forma de descobrir o que os alunos sabem e suas curiosidades sobre o assunto, podendo, a partir daí, desenvolver um ótimo trabalho com seus alunos (MEMORIAL, 2002; pesquisa feita com crianças de 6ª série, 11 anos).

Valorizar as narrativas das crianças faz com que se possibilite a elas formas de pensarem suas histórias a partir dos conhecimentos que já possuem e que devem ser considerados e valorizados.

O exercício feito, a partir de suas lembranças, possibilitou às crianças um espaço efetivo de construção e elaboração de conhecimentos a partir de suas narrativas.

[...] Com essa fala, justifica-se o processo pelo qual as crianças passaram, processando as informações: antes relatando, depois desenhando e finalmente explicando suas histórias. Lembro novamente o papel do professor ao ouvir as crianças, respeitando suas falas sem interferir nos seus processos de reconstrução desses momentos marcantes. No momento em que passam da fase do desenho para a explicação já aparece um indício de sistematização do conhecimento que antes se encontrava estático. A discussão desacomoda e provoca a argumentação e exposição de ideias e crenças.

Mesmo que fragilmente, as crianças que pesquisei mostraram que possuem uma concepção religiosa e reconhecem demais formas de rezar respeitando essas diferenças. Isso é tarefa fundamental da escola. Respeitar a religiosidade implica antes respeitar a crença mais genuína dos sujeitos, pois a religião perpassa todos os momentos das vidas dos sujeitos, independente de que concepção seja.

[...] Para finalizar, penso que lidar com as questões religiosas na prática não é tarefa fácil, mas se torna uma tarefa rica e prazerosa se conseguirmos enxergar as crianças como seres históricos e socialmente mergulhados nas mais variadas correntes e concepções religiosas (*MEMORIAL*, 2000; pesquisa feita com crianças da Educação Infantil, de 3 a 6 anos).

Evidencia-se nesses extratos de memoriais a importância da construção social do conhecimento, para, a partir da realidade de vida das crianças, do seu imaginário religioso infantil e das suas memórias, ressignificar o seu processo educativo-religioso. E, nesse sentido, o jogo *Minha história – tua história* certamente possibilitou, de uma forma lúdica e pedagógica, esse resgate dos conhecimentos prévios das crianças, oportunizando não só dados para a presente pesquisa de campo, mas, também, um processo interativo e existencial de construção de conhecimento religioso, a partir das suas *histórias em jogo*.

Esta pesquisa (jogo) é uma atividade muito válida, pois se parte e se observa a realidade e as aspirações das crianças, através de suas representações. Cada um tem sua própria história de vida, cultura, conhecimentos e religiosidades. Na escola é preciso que o educador respeite o educando [...] (*MEMORIAL*, 2002; pesquisa feita com crianças de 8 a 11 anos).

Quando encerrei a atividade uma aluna disse o seguinte: Quantas vezes as pessoas têm medo ou vergonha de falar em Bíblia, Deus, Jesus ou religião. Acabamos de fazer isso na sala e nem notamos o tempo passar. Foi tão bom. Duvido que alguém não esteja se sentindo aliviado, tranquilo. Nós entramos e saímos da sala e às vezes não sabemos nem quem sentou do nosso lado. Essa brincadeira fez a gente se conhecer melhor e conhecer histórias que nem tínhamos ouvido falar que existiam (*MEMORIAL*, 2004; pesquisa feita com EJA).[2]

---

[2] Mesmo sendo esta uma fala de estudante de EJA, optei por transcrevê-la pelo seu significado para minha pesquisa e por entender que este mesmo processo, experimentado por essa pessoa jovem ou adulta, também pode se dar com a criança por intermédio do referido jogo.

Como educadoras, pensamos que, quanto mais recursos usarmos na contagem de histórias, quanto mais resgatarmos as vivências religiosas das crianças, relacionando-as com o tema a ser trabalhado, mais relações com a vida elas poderão fazer, enriquecendo o seu aprendizado (MEMORIAL, 2002; pesquisa feita com crianças de 9 a 12 anos).

Enquanto as crianças relatavam as histórias, pude vislumbrar minhas aulas de catequese e também de Ensino Religioso que sempre apresentavam tudo pronto e em que falávamos de assuntos "felizes", alegres, e perguntas que não faziam parte do que estava estabelecido não eram aceitas. Foi possível perceber, a partir desta técnica, os erros que cometemos muitas vezes em entregar as coisas sempre prontas para as crianças, muitas vezes escolhidas aleatoriamente, e que não condizem com as expectativas e dúvidas de nossos alunos.

Outra ressalva a fazer foi a participação ativa dos alunos nas discussões sobre as histórias, colocando-se no lugar dos personagens e fazendo uma relação com o mundo em que vivemos.

Todas as discussões feitas e os registros apresentados neste memorial levam a pensar a educação, em especial a religiosa, como algo que precisa ser visto com outros "olhares", mais questionáveis, mais conscientes de que cada ser humano possui sua formação religiosa e com ela questiona, analisa, expressa seus sentimentos, medos, atitudes, relacionando-se sempre com o grupo onde está inserido.

Esta técnica, sem dúvida, acrescentou em muito nossas aulas de Ensino Religioso: as crianças, entusiasmadas, no dia seguinte trouxeram livros infantis que falavam de assuntos sobre a morte, de separação, que os pais tinham comprado, mas não gostavam de ler com os filhos. Espero poder continuar dialogando com meus alunos e induzindo-os a questionar sempre, principalmente a partir desta técnica que realizamos, interagindo uns com os outros (MEMORIAL, 2002; pesquisa feita com crianças de 4ª série, de 9 a 12 anos).

Acredito que a religiosidade está bem presente na vida destes jovens, mas muitos ainda precisam fazer grandes descobertas.

Penso também que deve haver uma reflexão séria por parte da instituição escola, para retomar valores escondidos/perdidos, auxiliando na busca de um verdadeiro sentido para a vida, representando uma oportunidade de descoberta e reflexão, ajudando cada educando a relacionar-se melhor consigo mesmo, com os outros e com Deus. Cabe ao professor fazer com que isto aconteça e transforme a escola numa nova experiência em busca de um sentido para a vida. A dimensão religiosa não pode ser deixada de lado!

Foi muito válido o desenvolvimento da proposta, pois foi possível verificar que os jovens precisam da religiosidade em suas vidas para que se tornem mais completos e íntegros (MEMORIAL, 2004; pesquisa feita com alunos de 8ª série, de 13 e 14 anos).

Ao falarmos em *novos olhares "em formação"*, não se trata, em primeiro lugar, de uma questão de repensar o que ensinar ou o que saber, ou seja, não se trata só de uma questão de conhecimento religioso. A pergunta "O que saber?" nunca está separada de uma outra pergunta fundamental e precedente: O que os educandos devem ser ou se tornar? Essa concepção de currículo e de processo educativo, abrangendo não só o saber e o saber fazer, mas também o ser e o conviver, está muito bem expressa no relatório da Unesco, de 1996, ao se referir aos quatro pilares da Educação (DELORS, 1998: 89). Nesse sentido, conforme Tomaz Tadeu da Silva (1999: 15), toda concepção de currículo está estreitamente inter-relacionada com o tipo de conhecimento (saber) e, mais ainda, com o tipo de ser humano que se quer formar:

No fundo das teorias do currículo está, pois, uma questão de "identidade" ou de "subjetividade". Se quisermos recorrer à etimologia da palavra "currículo", que vem do latim *curriculum*, "pista de corrida", podemos dizer que no curso dessa "corrida" que é o currículo acabamos por nos tornar o que somos.

Conforme o referido autor (1999: 16), além de uma questão de conhecimento, o currículo é também uma questão de identidade, além de uma questão de poder, pois "privilegiar um tipo de conhecimento é uma operação de poder". Conforme Rubem Alves, trata-se de relações de saber, poder e sabor. Para tal, Alves (1995: 115) nos provoca com uma definição de Roland Barthes: "Sapientia: nenhum poder, um pouco de saber, o máximo de sabor". E, na sua estória *O currículo dos urubus*, Rubem Alves (1995: 67) conclui: "Talvez, para se repensar a educação e o futuro da Ciência, devêssemos começar não dos currículos-cardápios, mas do desejo do corpo que se oferece à educação. É isto: começar do desejo. Uma pedagogia do corpo!".

Por isso, a questão central ou precedente na discussão sobre o processo educativo-religioso em termos de *novos olhares "em formação"* deveria priorizar não só o saber e o fazer, mas, acima de tudo, o ser e o conviver, ou seja, uma questão da identidade e de alteridade, de relacionamento consigo mesmo, com os outros, com a natureza e com a transcendência, pois somos seres relacionais e a nossa religiosidade, por conseguinte, também é relacional, conforme Paul Tillich (1974: 5ss) e James W. Fowler (1992: 27), e, como se evidencia nos extratos dos memoriais:

> O que eu poderia analisar sobre essas falas e sua contribuição para o Ensino Religioso? Acredito que a maneira como é contada a história bíblica ou por quem é contada. Dependendo disso o seu significado muda. Todos comentaram sobre a construção da arca; foi uma experiência prática que marcou a todos. Talvez seja um caminho para o Ensino Religioso nas escolas: partir para atividades práticas que envolvam os alunos na comunidade para que se sintam importantes e integrantes dela.

As histórias contadas dentro da família têm um valor muito grande. Os olhos brilhavam quando falavam das avós, das mães, das irmãs, o primeiro livro que leram. São marcas pessoais de cada criança, mas que contribuem para o crescimento coletivo. Resgatar essas memórias poderia nos render ótimas aulas de Ensino Religioso, trabalhando principalmente a criança que faz a sua própria história, sem ser igual a ninguém; ela é única (*MEMORIAL*, 2001; pesquisa feita com crianças de 8 a 11 anos).

Gostei muito de realizar o trabalho. Antes de começar a aplicá-lo, estava muito apreensiva, mas no final fiquei muito gratificada com o resultado.

Aprendi muito com eles e acho que todos eles aprenderam um pouco comigo e com cada um dos que participaram.

[...] De uma forma descontraída as crianças confeccionaram o jogo, jogaram, conversaram e aprenderam uns com os outros.

É importante para a criança não receber tudo pronto. Elas têm um grande potencial e muitas coisas a nos ensinar. Temos que ouvi-las (*MEMORIAL*, 2002; pesquisa feita com crianças de 6 a 12 anos).

As crianças aprenderam com o jogo. Elas não aprenderam apenas conteúdos religiosos, mas aprenderam, acima de tudo, a se conhecerem a si mesmas e também umas às outras. Elas aprenderam umas com as outras. Elas aprenderam conosco e nós aprendemos com elas. A partir disso e a partir delas, aprendemos a exercitar novos olhares em nossa formação e atuação docente, como muito bem o expressa o seguinte extrato de um memorial de uma estudante:

Este trabalho de campo possibilita conhecermos melhor a história de vida dos alunos, conhecermos sua convivência familiar e sua experiência e contatos com a religiosidade.
Através da pesquisa levantamos argumentos que podem ser posteriormente trabalhados. Ouvindo as crianças percebemos que

dúvidas elas têm, quais questionamentos trazem e não precisamos lhes dar respostas, mas sim promover atividades de interação, onde tenham a oportunidade de trocar suas experiências e aos poucos possam construir novos conceitos.

É possível também desenvolvermos valores como respeito às diversas religiões e formas de expressão. Mostrar para os pequenos que a tolerância às diferenças é muito importante, pois dessa forma aprendemos um com o outro. Mesmo que sejamos de religiões diversas, podemos ter o mesmo princípio humanitário, buscando objetivos comuns, como a paz, a união e a solidariedade.

[...] A realização deste trabalho foi bastante surpreendente. Em um primeiro momento, houve uma preocupação, pois as crianças eram muito pequenas e, por este motivo, pensava que não saberiam realizar as atividades. Para minha surpresa todos desenvolveram muito bem a tarefa e provaram que, mesmo com pouca idade, já são capazes de relatar suas vivências.

Para mim, enquanto educadora, a experiência foi bastante proveitosa, trazendo questões muito relevantes sobre o Ensino Religioso que é trabalhado nas escolas hoje.

Acredito que, a partir de atividade como esta, que propõe a interação, desperta o interesse, promove o diálogo e o respeito às diversidades, fica claro a importância de valorizarmos as leituras de mundo que os alunos trazem. Estaremos assim respeitando sua cultura, seus conhecimentos e juntos procuraremos aprender novas formas de desenvolvermos a religiosidade (*MEMORIAL*, 2002; pesquisa feita com crianças de 2 a 11 anos).

Por meio do jogo *Minha história – tua história*, as crianças reconstruíram suas *histórias "em jogo"* e se apropriaram delas. Este é o grande desafio para nós, enquanto docentes e estudantes em formação docente, em relação ao processo educativo-religioso de nossos educandos: o de exercitarmos, a partir das nossas histórias, novos olhares etnocartográficos como companheiros, facilitadores e mediadores, como muito bem o expressa Rubem Alves (1995a: 33): "Um educador [...] é um fundador de mundos, mediador de esperanças, pastor de projetos". Somos todos, enfim, *histórias "em jogo"* e, no processo educativo (em geral e não só religioso), almejamos que, a partir das histórias lidas, ouvidas e vividas, os nossos educandos se tornem cada vez mais sujeitos e protagonistas da sua própria história, como o expressa muito bem o poema de Maria Dinorah (1986: 40), intitulado "Quando eles souberem":

Os meninos que brincam,
talvez não saibam, não,
que há meninos na luta
por um pouco de pão.
Os meninos que estudam,
o fazem sem notar
que há meninos sonhando
com poder estudar.
Há meninos com tudo
a viver muito bem,
que talvez não entendam
por que tantos não têm.
E há meninos vivendo
o momento da paz,
sem sequer perceberem
do que a guerra é capaz.
Mas, quando eles souberem,
tudo isso vai passar,
pois está nas crianças
o poder de mudar.

REFERÊNCIAS

ALVES, Rubem. *Conversas com quem gosta de ensinar*. São Paulo, Ars Poética, 1995a.

_____. *Estórias de quem gosta de ensinar*; o fim dos vestibulares. São Paulo, Ars Poética, 1995b.
ANDRÉ, Marli Eliza Dalmazo Afonso de. *Etnografia da prática escolar*. 4. ed. Campinas, Papirus, 1995.
BRANDÃO, Carlos Rodrigues (org.). *Pesquisa participante*. 4. ed. São Paulo, Brasiliense, 1984.
CUNHA, Maria Isabel da. *O professor universitário na transição de paradigmas*. Araraquara, JM, 1998.
DELORS, Jacques (org.). *Educação: um tesouro a descobrir*; relatório para a Unesco da Comissão Internacional sobre educação para o século XXI. 2. ed. São Paulo, Cortez; Brasília, MEC; Unesco, 1998.
DINORAH, Maria. *Panela no fogo, barriga vazia*. São Paulo, L&PM, 1986.
ESTUDANTES do Curso de Pedagogia da Unisinos e do Curso de Teologia da Escola Superior de Teologia (EST). *Memoriais descritivo-analíticos*. Pesquisa de campo na disciplina de Metodologia do Ensino: Ensino Religioso, São Leopoldo, 2000-2004.
FOWLER, James. *Estágios da fé*. São Leopoldo, Sinodal, 1992.
FOX, Mem. *Guilherme Augusto Araújo Fernandes*. São Paulo, Brinque-Book, 1995.
FREIRE, Paulo. *A educação na cidade*. São Paulo, Cortez, 1991.
_____. *Professora sim, tia não*; cartas a quem ousa ensinar. São Paulo, Olho d'Água, 1993.
FREIRE, Paulo & GUIMARÃES, Sérgio. *Aprendendo com a própria história I*. Rio de Janeiro, Paz e Terra, 1987.
_____. *Aprendendo com a própria história II*. Rio de Janeiro, Paz e Terra, 2000.
GIERUS, Renate. CorpOralidade – história oral e corpo. In: STRÖHER, Marga et al. (org.). *À flor da pele*; ensaios sobre gênero e corporeidade. São Leopoldo, Sinodal; Cebi, pp. 37-51, 2004.
KLEIN, Remí. *Histórias em jogo*; rememorando e ressignificando o processo educativo-religioso sob um olhar etnocartográfico. São Leopoldo, EST-IEPG, 2004. (Tese de Doutorado.)
LARROSA, Jorge. *Pedagogia profana*; danças, piruetas e mascaradas. Trad. de Alfredo Veiga-Neto. 4. ed. Belo Horizonte, Autêntica, 2001.
MEMORIAL descritivo-analítico de estudante de Pedagogia. São Leopoldo, Unisinos, 2001, 2002, 2003 e 2004.

ROLNIK, Suely. *Cartografia sentimental;* transformações contemporâneas do desejo. São Paulo, Estação Liberdade, 1989.

SILVA, Tomaz Tadeu da. *Documentos de identidade;* uma introdução às teorias do currículo. Belo Horizonte, Autêntica, 1999.

TILLICH, Paul. *Dinâmica da fé.* Trad. de Walter Schlupp. São Leopoldo, Sinodal, 1974.

WEFFORT, Madalena Freire et al. *Observação, registro, reflexão;* instrumentos metodológicos I. 2. ed. São Paulo, Espaço Pedagógico, 1996.

6. Entre o caos e a (des)ordem:
uma educação para a espiritualidade

Andréa Novo Duarte*
Carlos Théo Lahorgue (in memoriam)**

A Educação como pensamos nos remete à busca de um sentido para a vida, caminhamos em vias que nos conduzem a uma procura de humanização, a uma consciência que nos permita ser solidários, autônomos, perceptíveis, emotivos, fraternos. As atitudes, os comportamentos, os pensamentos, os atos, os fatos e as ideias se articulam entre si, estão em constante movimento; lidamos com o complexo, com a incerteza, num mundo em que a tecnologia do conhecimento vem avançando velozmente. As informações em nosso entorno são tão urgentes que, atropelados por elas, somos exigidos à busca de um retorno à apuração dos sentimentos ocultos, superando os sentidos mais ancestrálicos: a visão, a gustação, o olfato, o tato, a audição.

Conforme assegura Jean-Yves Leloup (2002: 64) "o homem é [...] humano naquilo que nele lhe permite superar-se, abrir-se ao outro, seja o outro nosso vizinho, o nosso próximo, aquele que encontramos, ou o Totalmente Outro. Privar o homem dessa dimensão equivale a privar o homem de sua dimensão espiritual".

---

* Graduada em Pedagogia; especialista em Educação Brasileira pela Furg e em Educação Continuada em Contextos Organizacionais pela UnB; mestre em Educação pela PUC-RS; técnica em Educação pelo SESI-RS; professora da Universidade Feevale.

** Graduado em Música; arte-educador pela Urcamp; mestre e doutorando em Educação pela UFRGS; membro do Niete-UFRGS; técnico em Lazer pelo SESI-RS.

Antes de instar para a ideia do triunfo da razão, o homem vivia num infinito sem tempo, em que o espaço era um sem espaço, um vazio ou um cheio, pouco importa, uma imperfeição que nos possibilitava uma evolução que não necessariamente nos aproximava da perfeição que a modernidade exigiu, mediu, tornou pensamentos lógicos, ordenados, cartesianos, pretensamente garantindo a finitude do Universo. O processo criador dos seres humanos germinava a separação dos opostos, a luz e as trevas, o dia e a noite, marcando assim o início de uma medida para o tempo. O caos se instaurou como rebeldia e desordem, sendo considerado maléfico para a humanidade.

A pretensa grande ordem moderna organiza o caos, gerando a separação dos opostos, colocando os elementos básicos – a água, o fogo, o ar e a terra – cada um deles em seu lugar, causando a fragmentação dos sentidos da espécie humana, das suas relações com o outro e com o Universo.

O pensamento científico emergiu para um dogmatismo que impunha respostas a todas as perguntas, aferindo a esses resultados simétricos, concretos e exatos, circunscritos na ideia a ser reproduzida para que se pudesse reconstruir a trajetória determinista e observável da experiência. O protótipo controlador do mundo distribuiu sorrisos e certezas, apoderando-se e dominando o funcionamento da natureza humana; o óbvio para a física clássica construiu "uma visão do mundo apaziguante e otimista", ao mesmo tempo em que invadiu e agrediu a humanidade, pronta a acolher no plano individual e social a pretensa ideia de progresso: "se soubermos as posições e as velocidades dos objetos físicos num dado instante, podemos prever suas posições e velocidades em qualquer outro momento do tempo". (NICOLESCU, 1999: 18-19).

A realidade aceita se objetiva no plano científico, nos separa do plano espiritual, nos afasta das subjetividades, dos saberes como fruto da imaginação, rejeitando com desprezo as características idiossincráticas de cada ser humano, jogando nas trevas da irracionalidade: o espiritual e a natureza. Afirma Basarab Nicolescu (1999: 21) que assim "o ser humano torna-se objeto: objeto da exploração do homem pelo homem, objeto de experiências, de ideologias que se anunciam científicas, objeto de estudos científicos para ser dissecado, formalizado e manipulado".

Mas este único nível de realidade se torna inconcebível diante de tantas incertezas.

Como assevera Edgar Morin (2000: 103), a partir de 1900, o conhecimento simplificador, embora hegemônico, entra em uma crise que marca a primeira revolução científica e que se opera sobre a ordem, a separabilidade, a redução, a lógica. Ainda uma segunda revolução científica se manifesta com o aparecimento e "pela emergência das ciências sistêmicas, dos reagrupamentos das disciplinas muito diversas, em torno do complexo de interações e/ou de um objeto". Frente às exigências do mundo globalizado e das muitas respostas possíveis para atender as necessidades de busca de sentido, o humano se apresenta enquanto ser apreendente de um mundo complexo. Afetado na base, a suposta separabilidade e a redução, embrenha-se e testemunha a descontinuidade no campo da física quântica, que pensa a energia como uma possível estrutura discreta, uma simples quebra no contínuo, uma fratura, um descontínuo. "O Quantum de Planck, que deu seu nome à Mecânica Quântica, iria revolucionar toda a física e mudar profundamente nossa visão do mundo" (NICOLESCU, 1999: 23).

Diante de valores universais abalados de probabilidades, incertezas, situações complexas, abrimos uma caixa de Pandora: o não localizado, o ponto não preciso do espaço, o ponto não preciso do tempo, o indeterminismo, o aleatório, a não separabilidade, o diálogo entre contrapontos, o erudito e os saberes populares, uma pluralidade complexa, pulverizada, e literalmente provocando um Big Bang disciplinar. Assim, a ciência, que traçava seu rumo com os especialistas, contempla o conhecimento ligado à vida e à vontade de cada ser de situar-se no Universo conforme a sua vontade. Para Morin (2000: 30-31), esses especialistas produziram uma enorme quantidade de conhecimento para ser estocado em bancos de dados manipuláveis, um saber produzido para não ser pensado, refletido ou discutido entre pessoas, mas para ser armazenado, exprimindo "o dilema dos especialistas", isto é, demonstrando que "eles próprios não podem ter uma ideia geral sobre suas especialidades", enclausurados, "proíbem-se a si mesmos de ter ideias gerais sobre outros assuntos" num universo que visivelmente apresenta-se em aparente multiplicidade, diversidade, caos. Conforme Marcelo Gleiser (1997: 29):

> O Universo surge através da tensão [...] Aqui, as potencialidades de Ser e Não Ser coexistem simultaneamente, sem que exista ainda uma separação entre os opostos. Essa tensão por fim gerará matéria que, por meio de um processo contínuo de diferenciação, tomam as várias formas que se manifestam num mundo natural.

Vivemos inseridos num orbe complexo dentro deste Universo, em que macrocosmo e microcosmo se fundem. As substâncias físicas que organizaram de modo termodinâmico a Terra, nas grandes fervuras químicas e nas inumeráveis descargas elétricas, ganharam vida. Afirma Morin (2002: 26) que "a vida é solar: todos os seus ingredientes foram forjados num sol e depois reunidos num planeta cujos componentes foram cuspidos por uma explosiva agonia solar". Salienta ainda o autor que "nós, seres vivos, por consequência humanos, filhos das águas, da Terra e do Sol, somos uma formiga, talvez um feto, da diáspora cósmica". Iminente estarmos inseridos na complexidade imensa dos pensares do mundo, das ideias enquanto matizes transformadores da natureza humana pois descendemos de "algumas migalhas da existência solar," somos "um frágil broto da existência terrestre".

A mente criadora do homem, para Morin (2002: 30) é um "metavivo", isto é, organiza-se a partir de aptidões cognitivas e cria novas formas de vida, "psíquicas, espirituais e sociais: a vida do espírito não é uma metáfora, nem a vida dos mitos e das ideias". Assim, para todo o processo de constituição cultural será necessário pensarmos que estes são evolutivos por:

[...] inovações, absorção do aprendido, reorganizações; são as técnicas que se desenvolvem; são as crenças e os mitos que mudam; foram as sociedades que, a partir de pequenas comunidades arcaicas, se metamorfosearam em cidades, nações e impérios gigantes. No seio das culturas e das sociedades, os indivíduos evoluirão mental, psicológica, afetivamente (MORIN, 2002: 35).

Prontamente, da natureza humana emerge o transcendental, que não será o resultado de um mero jogo natural ou de somente uma classe de seres, mas pressupõe a intervenção de princípios superiores, um resgate que ceda espaço para o compartilhamento de pensamentos diversos e de racionalidades abertas, que Morin reconhece como "o tecido imaginário/simbólico que ajuda a tecer nossa realidade [...] quando é autocrítica e aberta, [...] pode reconhecer limites, compreender as características humanas profundas do mito e da magia", fortalecendo o sentido da nossa existência que comporta em si "incerteza, conflito e jogo [...] sobretudo, concebe em complexidade as noções de progresso e conhecimento" (2002: 105).

A Educação frente às dubiedades das situações vividas pela espécie humana, neste mundo implexo, possui a missão de resgatar em cada sujeito sua capacidade de perceber as complementaridades das relações humanas e do Universo, e constituir espaços para o desenvolvimento das suas capacidades, sem o amordaçamento e o controle de conhecimentos, visando à produção de saberes que permitam implementar, nos meios mecanicistas, processos que viabilizem o despertar de uma consciência que reencante o ser humano na sua essência. Certificam Ian Marshall & Danah Zohar (2000: 203): "A força vital, integradora, do centro está presente em todos os seres vivos e, em especial, nos seres humanos, devido à natureza de nossa consciência".

Cabe à Educação provocar o fomento da consciência humana no que tange a rever sua escala de valores, na medida em que o ser humano, na maioria dos casos, inibe seu potencial criador e a ampliação de sua mente, em prol de ideias que visam única e exclusivamente o ter e o fazer, abdicando-se do ser e do conviver.

Assegura Dora Incontri (1997: 168-169) que:

[...] o interesse subjetivo garante ao indivíduo a vontade de se esforçar e vencer obstáculos; o apelo a todas as suas faculdades, estéticas, emocionais, manuais, permite que ele esteja presente de corpo e alma no processo de aprendizagem e, por fim, a ligação do conhecer com o fazer, do conceito com a realidade, é o fio de lógica concreta, o fundamento sólido para a construção do conhecimento [...]. Tudo isso fará brotar uma disciplina espontânea, não imposta de fora para dentro, mas condição necessária do próprio indivíduo que deseja aprender.

Então, qual seria a relação existente entre espiritualidade e educação? De que forma os educadores estão instigando os educandos à justaposição do paradigma emergente, transportando-os para um olhar para dentro de si, promovendo múltiplos olhares, possibilitando que compreendam e interpretem a ciência rompendo modelos predeterminados, que percebam as coisas em seu entorno de uma forma não cartesiana, enfim que enxerguem o mundo e os outros de uma maneira diferente?

Para Bernard Charlot (2000: 72), "qualquer relação com o saber comporta também uma dimensão de identidade: aprender faz sentido por referência à história do sujeito, às suas expectativas, às suas referências, à sua concepção de vida, às suas relações com os outros, à imagem que tem de si e à que quer dar aos outros".

Nos mais distintos ambientes de aprendizagem é vital que o educador aproxime o educando da inter e intrarrelação com a vida e sua complexidade, para que o mesmo venha a ser o sujeito do seu processo de produção do saber e da constituição do seu conhecimento. Limitar o processo de aprendizagem à mera aproximação da informação é abdicar o potencial humano dos seus aspectos contextuais, que inclui o social, o cultural, o biológico, o afetivo, o subjetivo, o sistêmico e o espiritual.

Fritjof Capra (2002: 81) menciona que a:

[...] noção de espiritualidade é coerente com a noção de mente encarnada que está sendo desenvolvida pela ciência da cognição. A experiência espiritual é uma experiência de que a mente e o corpo estão vivos numa unidade. [...] essa experiência da unidade transcende não só a separação entre mente e corpo, mas também a separação entre o eu e o mundo. A consciência dominante nesses momentos espirituais é um reconhecimento profundo da nossa unidade com todas as coisas, uma percepção de que pertencemos ao universo como um todo.

Complementando o pensamento de Capra, Morin (2002: 65-66) afirma que existe uma unidade humana e uma diversidade humana, e, ainda, a unidade está na diversidade e vice-versa. Sendo assim, a extrema diversidade não deve mascarar a unidade, e nem mesmo a unidade básica mascarar a diversidade; deve-se, portanto, evitar que a unidade desapareça quando surge a diversidade e assim reciprocamente. Morin, diante deste pensamento de unidade e diversidade, discorre que nas culturas existe uma diversidade que é o interior dos indivíduos. Essa unidade humana "não pode reduzir-se a um termo, a um critério, a uma determinação (nem somente genética, cerebral, mental, cultural)". Fundamenta ainda que: "a variedade de indivíduos, de espíritos, de culturas, tornou-se fonte de inovações e de criações em todos os campos". Morin ainda diz: "o tesouro da humanidade está na diversidade criadora, mas a fonte da sua criatividade está na sua unidade geradora".

Essa mudança de paradigma na Educação proporciona aos sujeitos a apreensão do espaço vivido, de modo a discernir o mundo de forma não linear, desestruturando a unidade (masculino/feminino, visível/invisível, conhecido/desconhecido) na diversidade. Diante dessas vivências eminentemente voltadas ao *eu* interior de cada pessoa, pode-se inferir que o ser humano volta-se a uma busca cósmica (espiritual) que clama pela influência dos sentimentos mais profundos de cada indivíduo. Reportando-se a esses sentimentos, o ser humano deseja desvelar questões como: Quem sou? Qual o significado da felicidade para mim? Onde se encontra a paz no meu universo interior? Porque o ser humano desperta o interesse de perceber o sentido intrínseco da vida. O desejo de desvelar o oculto nutre o indivíduo, mantendo-o imerso por uma vitalidade plena, sentindo-se densamente vivo.

Entretanto, o ser humano dentro desse contexto é desafiado a perceber a unidade existente na diversidade: o corpo e a mente, o *eu* e o mundo, compreendendo o Universo como um todo. Diante disso Capra (2002: 81) afirma que:

> Essa sensação de unidade com o mundo natural é plenamente confirmada pela nova concepção científica da vida. À medida que compreendemos que a física e a química básicas são as

próprias raízes da vida, que o desenvolvimento da complexidade começou muito tempo antes da formação das primeiras células vivas e que a vida evoluiu por bilhões de anos usando sempre os mesmos padrões e processos, percebemos o quanto estamos ligados a toda a teia da vida.

O panorama atual da humanidade clama pela cooperação, pela relação, pela força, pela vitalidade, por influências benéficas, por entusiasmo criador, exigindo que a pessoa perceba-se integrada ao planeta, à natureza humana, a todos sistemas vivos, conduzindo-o a apreender o sentido da vida e a compreender o mundo enquanto uma ordem maior. Assim, assegura Capra (2002: 82):

[...] a nossa mente é encarnada, nossos conceitos e metáforas estão profundamente inseridos nessa teia da vida, junto com o nosso corpo e cérebro. Com efeito, nós fazemos parte do universo, pertencemos ao universo, e nele estamos em casa; e a percepção desse pertencer, desse fazer parte, pode dar um profundo sentido à nossa vida.

Um sentido que pode ser entendido naturalmente, espontaneamente, próprio do homem, que, não negando a evolução vegetal ou animal, inclui divindades, sociedades, organização de sociedades, inventa a roda, as máquinas e os computadores, ornamenta as poesias, as pinturas e os interiores, intelectualiza conceitos e constitui teorias, institui leis, mas, sobretudo, exclama por sujeitos criadores. Morin reconhece "o papel do inconsciente e do imaginário na criatividade", que nos leva a aceitá-la "no seu mistério". Propõe o autor que o grande mistério do espírito "está, de fato, na criatividade, nas capacidades criadoras [...] que concretizaram gigantescos ectoplasmas de real "imaginário", e, nessa aventura, todo o criador "é possuído pela obra que cria [...] em que dá existência à emanação do espírito" (2002: 107).

Mais do que seres humanos, somos uma emergência da extraordinária criação do Universo, que propõe "uma conjunção organizadora entre o cérebro humano e a cultura; essa emergência (dotada de propriedades novas em relação ao que a produziu) não somente faz eclodir as mais ricas qualidades do ser humano, mas manifesta surpreendentes poderes através das magias" (MORIN, 2002: 108).

REFERÊNCIAS

CAPRA, Fritjof. *As conexões ocultas*; ciência para uma vida sustentável. São Paulo, Cultrix/Aman-Key, 2002.
CHARLOT, Bernard. *Da relação com o saber*; elementos para uma teoria. Porto Alegre, Artmed, 2000.
GLEISER, Marcelo. *A dança do universo*; dos mitos de criação ao Big Bang. São Paulo, Companhia das Letras, 1997.
INCONTRI, Dora. *A educação segundo o Espiritismo*. São Paulo, Feesp, 1997.
LELOUP, Jean-Yves. *Se minha casa pegasse fogo, eu salvaria o fogo*. São Paulo, Unesp, 2002.
MARSHALL, Ian & ZOHAR, Danah. *QS: Inteligência Espiritual: o "Q" que faz a diferença*. Trad. de Ruy Jungmann. Rio de Janeiro, Record, 2000.
MATURANA, Humberto & VARELA, Francisco. *De máquinas e seres vivos*. 3. ed. Porto Alegre, Artmed, 1997.
MORIN, Edgar. *Ciência com consciência*. 6. ed. Rio de Janeiro: Bertrand Brasil, 2002.
_____. *O método 5*; a humanidade da humanidade. Porto Alegre, Sulina, 2002.
_____ & LE MOIGNE, Jean-Louis. *A inteligência da complexidade*. São Paulo, Petrópolis, 2000.
NICOLESCU, Basarab. *O manifesto da transdisciplinaridade*. Trad. de Lucia Pereira de Souza. São Paulo, Triom, 1999.

7. A formação do professor do ensino técnico no contexto da reestruturação produtiva

Margareth Fadanelli Simionato*

Nestas últimas décadas, temos vivido mudanças de caráter social, político e econômico. As economias foram as primeiras a serem afetadas, já que a desregulamentação dos mercados financeiros, graças aos rápidos avanços da informática, aboliu a ideia de que os mercados teriam limites fronteiriços. Economias de diferentes países tornaram-se dependentes dos movimentos de um conjunto mais ou menos importante de capitais. Gradativamente, as atividades industriais e comerciais também foram afetadas por essa abertura de fronteiras. Inúmeras são as consequências da globalização na vida das pessoas e dos grupos sociais. O aumento da concentração de capital, a mundialização da economia, a primazia da esfera financeira sobre a da produção e os novos paradigmas de organização e gestão do trabalho, tendo em vista a competitividade, resultam na insatisfação do próprio capitalismo com a pedagogia taylorista-fordista, sendo que este passa a apregoar a expansão do tempo de permanência na educação básica como um dos requisitos básicos para a qualificação de profissionais adaptados às novas exigências de flexibilidade e adaptação da economia. Aumentam e modificam-se as cobranças ao sistema educacional pelos setores produtivos, porém, é uma cobrança muito mais em função da necessidade do

---

* Doutora em Educação pela UFRGS; professora da Universidade Feevale.

desenvolvimento de novas habilidades e competências para dar conta dos novos processos de trabalhos do que pelos direitos de cidadania. Essas demandas requerem a reconstrução do processo pedagógico e a readequação das escolas e seus profissionais, para dar conta do desenvolvimento de competências cognitivas complexas que o mundo do trabalho, em sua nova reestruturação produtiva de base microeletrônica, impõe. Um novo perfil de trabalhador se faz necessário para ocupar novos postos, não mais requerendo capacidades psicofísicas repetitivas e memorísticas, mas sim capacidades intelectuais que deem conta de adaptar-se à produção flexível (KUENZER, 2000). Essas novas demandas afetam profundamente as recentes reformas educacionais que apontam para uma reestruturação da organização da escola, que até então atendia o modelo fordista-taylorista, modelo econômico e industrial predominante no século XIX e parte do século XX.

Com a globalização e o aumento da competitividade decorrente, as empresas reorganizam-se a partir de uma nova cultura empresarial, na qual se exigem agora competências cognitivas superiores, tais como capacidade de trabalhar em grupo, atitudes pro-ativas, liderança, novos conhecimentos. O sistema educacional, que vem ao longo do tempo sofrendo com os efeitos da crise da dívida externa, não tem meios para atender essa demanda de forma igualitária, mantendo a maioria da população à margem do que vem sendo chamado de sociedade do conhecimento. Hoje, ao invés do trabalhador disciplinado, cumpridor de tarefas individualizadas, a demanda é por um trabalhador que tenha autonomia intelectual, que domine não apenas os conteúdos, mas também os caminhos metodológicos e do trabalho intelectual interdisciplinar para resolver problemas novos e inéditos, não prescritos. De acordo com Mariano Fernández Enguita (2004: 34), "Importantes mudanças – tanto no emprego como no trabalho – põem em questão atualmente a funcionalidade da organização escolar tradicional para os requisitos, as necessidades, as oportunidades e os desafios do mercado e da organização da produção".

Neste contexto adverso e desafiador, a sociedade delega à escola a responsabilidade de preparar as novas gerações para dar conta da realidade que se apresenta. Com base no princípio taylorista-fordista de organização do trabalho, com a produção em série, a divisão do processo produtivo em pequenas partes, tempos e movimentos padronizados, produção controlada por inspetor de qualidade e planejamento separado da produção, a pedagogia decorrente observada na escola primava pelo processo individual de aprendizagem de formas de fazer e disciplinamento, desenvolvimento da capacidade de memorização de conhecimentos e repetição de procedimentos, conteúdos fragmentados e organizados em sequências rígidas, controle externo sobre o aluno e a separação da aprendizagem teórica da prática eram a tônica da organização escolar. Para isso, uma metodologia centrada no ensino verbalístico e memorístico dava conta da preparação da massa trabalhadora para inserção nos postos de trabalho rígida e previamente definidos. A escola preparava as massas trabalhadoras, influenciava na docilização dos corpos, sendo que esta, de acordo com Enguita (2004: 30),

[...] chegou a se configurar como uma antecipação da fábrica, isto é, como um cenário adaptativo – o que significa intermediário – entre as relações sociais próprias da família e as do trabalho assalariado. Seria nela que as crianças aprenderiam, de modo sistemático, a se submeter a uma autoridade impessoal e burocrática; a aceitar que outros decidissem por elas o que fazer, como fazer, quando e em que ritmo; a conceber o tempo como um contínuo passível de ser fragmentado e valioso por si mesmo, a não esperar de sua atividade dirigida (seu trabalho) uma gratificação intrínseca (lucro), mas sim extrínseca (recompensa); a competir de maneira destrutiva (estigmatizante e excludente) uns com os outros; a se submeter aos ditames de uma avaliação alheia constante; a aceitar diferenças geométricas nas recompensas resultantes de diferenças aritméticas de seus êxitos, [...] a desenvolver hábitos de conduta de acordo com as necessidades de trabalho organizado.

Com a promulgação da Lei de Diretrizes e Bases do Ensino Nacional (LDB), a Lei Federal n. 9.394/96, identifica-se no Brasil uma nova regulação das políticas educacionais, pautada pela centralidade atribuída à gestão escolar, a criação do Fundef e dos sistemas de avaliação institucional, internos e externos, como Enem, Saeb, Prova Brasil, entre outros, e a participação da comunidade escolar no processo de gestão democrática. A expansão da educação básica proposta nas políticas econômicas do Banco Mundial não acompanhou um fomento ao desenvolvimento do professor, seja no campo profissional, seja no campo financeiro.

Na legislação educacional, a formação de professores para o ensino técnico somente é manifestado em âmbito nacional a partir da reforma de Nilo Peçanha, em 1909, com a criação das escolas de artes e ofícios. Ainda não havia uma proposta nacional de formação de professores para o ensino técnico, porém experiências já aconteciam como a primeira iniciativa verificada no âmbito do antigo Distrito Federal, na escola normal de artes e ofícios Wenceslau Braz, onde a preocupação era com a formação de professores, mestres e contramestres para escolas profissionais e também a preparação de professoras de trabalhos manuais para as escolas primárias. Outras iniciativas de formação de professores para o ensino técnico se observam a partir das leis orgânicas de ensino, como na Lei Orgânica do Ensino Industrial, que aponta para a formação dos professores. As práticas educativas deveriam ser feitas em cursos apropriados, que mais adiante serão chamados de cursos especiais. O que se observa é que a formação do professor que atua no ensino técnico tem, desde seu início, sido acompanhada de um adjetivo, nunca sendo tratada como curso de formação de professores. O marco inicial da formação de professores para o ensino técnico no âmbito de uma LDB verifica-se na Lei n. 4.024/61, artigo 59, dividindo a formação de professores para o Ensino Médio com seu lócus nas faculdades de Filosofia, Ciências e Letras e na formação de professores de disciplinas específicas do ensino técnico, em cursos especiais. Nos anos subsequentes, o MEC normatizou diversas vezes as exigências para ser professor do ensino técnico, reforçando em diferentes pareceres e resoluções o caráter especial dessa formação. Em 1970 são criados através de portaria ministerial os esquemas I e II, para organizar as diferentes ofertas de formação específicas que existiam no país, que perdurou na vigência da Lei n. 5.692/71, sendo que estes esquemas foram extintos apenas com a promulgação da LDB n. 9.394/96, que não define nada sobre a formação do professor do ensino técnico. Em 1997, dada a carência de professores em determinadas disciplinas, o Conselho Nacional de Educação aprova a Resolução n. 02 de 26 de junho de 1997, que dispõe sobre os Programas de Formação Pedagógica para Docentes para o Ensino Fundamental e Médio, incluindo a Educação Profissional de nível técnico, estando em vigor até o momento. De acordo com Maria Rita Oliveira (2005: 25) essa formação de professores para o ensino técnico

[...] vem sendo tratada, no Brasil, como algo *especial, emergencial, sem integralidade própria, que carece de marco regulatório*, e que, por meio de *programas*, desenvolve-se, paradoxalmente, sem a superação das situações vigentes e ditas emergenciais, e sinalizando uma *política de falta de formação*. Aliás, esta *falta de formação* justifica-se pelo recorrente não reconhecimento de um saber sistematizado próprio da área.

O professorado, em meio à precarização de suas condições de trabalho, situa-se entre a profissionalização e a proletarização. A autora ainda remete sua reflexão na perspectiva da precarização que o trabalho docente vem sofrendo nos aspectos concernentes às relações de emprego, tais como contratos temporários de trabalho e arrocho salarial, entre outros. As empresas reservam-se o papel de apenas atualizar seus profissionais de acordo com as demandas do mercado, numa visão competitiva e excludente, com isso acrescentando mais e mais exigências à educação, e consequentemente interferindo diretamente no trabalho dos professores. Com a desestabilização das certezas morais, passa a ser cobrado do professor o cumprimento dos papéis que a família já não dá mais conta, de que a sociedade se exime, e ainda, que esse professor responda a todas as questões éticas, morais, disciplinares e sociais que se impõem. Quanto aos diferentes papéis que o professor passa a se ver obrigado a assumir, Dalila Andrade Oliveira (2004: 30) nos alerta que "implicam demandas cada vez maiores quanto aos deveres e tarefas a serem assumidos pelos docentes; demandas estas que não vêm acompanhadas de retribuição salarial, trabalhista e mesmo formativa correspondente". Ser professor é um papel multifacetado que por si só carrega significados construídos ao longo da história da humanidade. Conforme António Nóvoa (1998: 26):

> Os professores têm de afirmar sua profissionalidade num universo complexo de poderes e relações sociais, não abdicando de uma definição ética – e, num certo sentido, militante – da sua profissão, mas não alimentando utopias excessivas, que se viram contra eles, obrigando-os a carregar aos ombros o peso de grande parte das injustiças sociais.

A construção de um campo teórico que investiga a formação, o trabalho e a profissionalização docente tem avançado nos últimos anos, realizando incursões por diversos campos, entre eles, a epistemologia da prática, sendo a questão dos saberes da experiência um dos aspectos investigados nos estudos sobre constituição da identidade profissional docente (TARDIF, 2002; LESSARD & TARDIF, 2005; NÓVOA, 1997; SCHÖN, 1997). A investigação das atitudes e práticas presentes no cotidiano escolar nas últimas décadas redireciona as análises para o foco dos valores e princípios de ação que norteiam o trabalho dos professores, propondo novas possibilidades para compreensão acerca dos fundamentos do trabalho docente. A dissociação entre formação e prática cotidiana, não enfatizando a análise dos saberes da experiência, dos saberes originais, nos remete à dicotomia entre teoria e prática.

O modelo de ensino, assim como o modelo de professor assumido pelo sistema educativo e pela sociedade, precisa estar claro tanto para as escolas de Educação Profissional, quanto para os próprios professores. As escolas não podem mudar sem o compromisso dos professores, assim como a educação só evolui tendo legitimadas as práticas que a constituem por seus principais interlocutores: os professores. Do contrário, se observa o movimento de resistência através da morosidade em implementar novas práticas e planejamentos em consonância com orientações oficiais.

No campo da Educação Profissional, as reformas educacionais, para além de redefinir espaços e organização do ensino, apontam para a necessidade de formar pedagogicamente os bacharéis docentes dos cursos técnicos. Essa formação tem sido mote de discussões em diferentes áreas, tendo em vista situar-se em meio a discussões sobre a formação de professores profissionais. Os paradigmas de organização e reorganização dos processos produtivos afetam diretamente a formação oferecida nas escolas técnicas com a necessidade de adequações a todo instante.

Há uma densa produção científica sobre a formação, profissionalização e identidade dos professores[1] que analisa questões referentes sob diversos prismas, elegendo diferentes objetos e lócus de pesquisa. Porém, tratando-se de questões sobre formação do professor do ensino técnico, o campo de produção científica mostra-se relativamente frágil, necessitando muito da realização de estudos, investigações, pesquisas, que possam partir da vasta produção existente sobre formação de professores e das subáreas educacionais do currículo e de trabalho e educação.

Dos estudos realizados na área trabalho e educação, o que se observa é que um grande número deles tem seu foco voltado para os processos de trabalho, para o trabalhador, nos processos de formação e inserção profissional e sua relação com as demandas do mercado, nos encontros e desencontros das políticas públicas e programas formulados para a área, ou ainda, o objeto de análise é o aluno dos cursos de Educação Profissional, sua trajetória de formação e inserção no mercado de trabalho, nos programas dos cursos oferecidos, nos processos de aprendizagem desenvolvidos. Outros estudos abordam os excluídos da educação regular e suas trajetórias pelos programas de formação profissional oferecidos, suas redes de inserção, o acompanhamento dado pelo estado ou entidades sindicais, não governamentais, entre outras. Poucos são os estudos na área de trabalho e educação que tomam por objeto de análise o professor, sua formação e práticas docentes em sua atuação na Educação Profissional, a construção da identidade profissional docente em suas categorias fundantes, as contribuições de uma formação pedagógica na qualificação dos cursos e o entendimento da docência por parte dos próprios sujeitos.

---

[1] Cf. ANDRÉ, Marli et al. Estado da arte da formação de professores no Brasil. *Educação & Sociedade*, Campinas, v. 20, n. 68, pp. 301-309, dez. 1999.

Pois, na maioria das vezes, o professor de ensino técnico não se enxerga nem é visto como um profissional da área da educação, mas como um profissional de outras áreas que, além de exercer sua profissão inicial, também leciona. Muitas vezes os matriculados nos Programas Especiais buscam apenas aprender métodos de como dar uma aula para ampliar oportunidades de inserção profissional, não fazendo disso a centralidade de seu trabalho. Muito ainda há que se produzir nessa área para dar conta deste universo tão diversificado que é a formação do professor do ensino técnico, em meio a concepções de "programa especial", como algo que fica à margem da formação de professores como um todo.

REFERÊNCIAS

ANDRÉ, Marli et al. Estado da arte da formação de professores no Brasil. *Educação & Sociedade*, Campinas, v. 20, n. 68, pp. 301-309, dez. 1999.

CONSELHO Nacional de Educação. Resolução n. 02 de 1997, Programa Especial de Formação Pedagógica para Docentes, Brasília, CNE, 1997.

ENGUITA, Mariano Fernández. *Educar em tempos incertos*. Trad. de Fátima Murad. Porto Alegre, Artmed, 2004.

KUENZER, Acácia Z. (org.). *Ensino médio: construindo uma proposta para os que vivem do trabalho*. São Paulo, Cortez, 2000.

LESSARD, Claude & TARDIF, Maurice. *O trabalho docente*; elementos para uma teoria da docência como profissão de interações humanas. Trad. de João Batista Kreuch. Petrópolis, Vozes, 2005.

NÓVOA, António. Relação escola – sociedade: novas respostas para um velho problema. In: SERBINO, Raquel et al. (orgs.). *Formação de professores*. São Paulo, Unesp, 1998.

_____ (org.). *Os professores e sua formação*. Lisboa, Dom Quixote, 1997.

OLIVEIRA, Dalila Andrade. A reestruturação do trabalho docente: precarização e flexibilização. *Educação & Sociedade*, Campinas, set./dez. 2004, v. 25, n. 89, pp. 1127-1144.

OLIVEIRA, Maria Rita. Formação e profissionalização dos professores do ensino técnico. In: ARANHA, Antonia et al. (orgs.). *Diálogos sobre o trabalho;* perspectivas multidisciplinares. Campinas, Papirus, 2005.

TARDIF, Maurice. *Saberes docentes e formação profissional.* Petrópolis, Vozes, 2002.

Sumário

Apresentação 5
Selenir Corrêa Gonçalves Kronbauer e Margareth Fadanelli Simionato

Prefácio – Sobre formação de professores e contemporaneidade 11
Bernardete Angelina Gatti

1. Representação docente nas tiras de Mafalda 15
Silvia Molinari de Dalessandro

2. Desafios da docência: algumas reflexões sobre
a possibilidade de uma gestão pedagógica da pesquisa 23
Jacira Pinto da Roza

3. A escola como espaço de culturas 35
Eliana Muller de Mello e Selenir Corrêa Gonçalves Kronbauer

4. O educador frente às diversidades da contemporaneidade 49
Kátia de Conto Lopes e Ronalisa Torman

5. Processo educativo-religioso:
histórias "em jogo" e novos olhares "em formação" 71
Remí Klein

6. Entre o caos e a (des)ordem:
uma educação para a espiritualidade 91
Andréa Novo Duarte e Carlos Théo Lahorgue

7. A formação do professor do ensino técnico
no contexto da reestruturação produtiva 101
Margareth Fadanelli Simionato

Impresso na gráfica da
Pia Sociedade Filhas de São Paulo
Via Raposo Tavares, km 19,145
05577-300 - São Paulo, SP - Brasil - 2018